www.ingramcontent.com/pod-product-compliance
Lightning Source LLC
Chambersburg PA
CBHW050535160726
48003CB00002B/599
9789779600710

غيث

ملك شحات الصغير

صادر عن دار حكايتي للنشر والتوزيع

للتواصل:01067495491

اسم الكتاب: غيث.

تأليف: ملك شحات الصغير.

الإخراج الفني: دينا شاهين.

تصميم الغلاف: برديس عز.

التدقيق اللغوي: إسراء الجمال.

إصدارعام: 2024

رقم الإيداع: 2024/26340

الترقيم الدولي: 978-977-9600-71-0

غيث

الإهداء

إهداء إلى من أحبوني فأحببت نفسي بعيونهم،

أُهدي كلماتي لمن يفهمها لمن يعلم خبايا

السطور.

المقدمة

مرحبًا يا صديقي

هل أنت تائه في دهاليز الحياة؟

هل سئمت من كل ما حولك؟

أعلم أعلم لقد أصابك اليأس، لم تعد كما كنت تتمنى أن تعود إلى سابق عهدك، تتمنى أن تعود إلى نفسك ثانيًا هنا و فقط هنا سوف تعلم أنه لا بأس بالخسارة فربما تكون مكسب لك في بعض الأحيان، لا بأس أن تظهر ضعفك فربما تجد داخله قوتك العظمى، إن الحياة متاهة و إن الوصول إلى النهاية لا يعني الوصول إلى ما نريد،

أعلم أنك لم تعد ترغب في عيش هذه الحياة و أن الواقع قاسي إنك لم تكن تتمنى يومًا أن يصل بك الحال إلى هنا لكنه وصل فلهذا عليك المحاربة، عليك جعل ذلك الكابوس الذي تكرهه الحلم الذي تتمنى، عليك أن تجد الغيث♡.

ملك شحات.

الفصل الأول

❖تعويذة البداية❖

لطالما كانت البدايات بالنسبة لي تشكل لغز وعلامة استفهام؛ كطفلٍ يعشق اكتشاف كل ما هو جديد كنت أُسرع دائمًا لِفَهم هذا اللغز لأرى ما هو سحر التفاصيل التي يتحدثون عنها؛ لأكتشف ما المميز في بداية الأشياء، و ما هي البدايات التي يراها الجميع جميلة مليئة بالحماس والسحر، وما الشيء الذي يمكنه أن يبطل مفعول ذلك السحر أهو الوقت؟ أيمكنه حقًا أن يمحو سحر تلك البدايات، فالحياة بأكملها بدايات متكررة حدث تلو الآخر، رحلة تليها رحلة و الكثير من الطرقات تشملها الكثير من البدايات هل تتذكر ذلك الإحساس الذي انتابك أول مرة من كل شيء؟

أول يومٍ في المدرسة؟ أول مرة تستطيع الخروج فيها من المنزل وحدك؟ أول مرة تقع في الحب؟ فالمرة الأولى من كل شيء دائمًا ما تكون مميزة ولا تنسى

❖❖❖❖❖❖❖❖❖❖❖

البداية أكثر الأشياء غرابة بالنسبة لي لا أعلم كيف تبدو هكذا جميلة مبهرة و غريبة كالسحر و لكن في ذات الوقت تحتاج للكثير و الكثير من المجهود و دفعة قوية من الجهد و الطاقة لنبدأ شيء جديد البداية مرتبطة بكل ما حولنا تبدأ مع بدايتنا في الحياة حتى مماتنا كبدايتنا في تعلم السير

و نحن صغار أو الكلام أو الذهاب إلى المدرسة، أظن أن هذه هي أبسط البدايات التي نمر بها لأننا ما زلنا في مقتبل العمر ولكن الآن قد مرت بنا الأيام ومر العمر وبدأ الكبر في النيل منا وبدأت تكبر معه البدايات، وتصعب ربما أستطيع التعامل معها قليلًا بشكل أو بآخر وهذا يعود بالطبع إلى طبيعة عملي، أنا إسراء أخصائية نفسية و كان نفسي أفيد الناس و أساعدهم في حل المشاكل اللي بتواجهنا في دروب حياتنا حتى لو بطريقة بسيطة، فكرت كتير في طريقة أساعد بيها أكبر قدر ممكن من الناس بدون ما أنتهك خصوصية حد عشان للأسف أغلب الناس مش بتعترف بالطب النفسي، و قررت بعد تردد كبير جدًا إني أعمل مدونة نقدر نتواصل منها، و آسر ساعدني كتير و أخدنا الخطوة و بدأنا في "غيث" أه صح آسر ده أخويا، بدأنا سوى غيث و النهارده كملنا سنة و عيلة غيث بتكبر كل يوم، بتقابلنا مشاكل كتير لكن بنحاول نلاقي حل و نساعد الناس في إنها تلاقي طريقها في المتاهة اللي إحنا عايشين فيها.

في الأول و بما إننا بنتكلم عن البداية فخلينا نتكلم عن الكتاب و بدايته:

عزيزي القارئ، الكتاب الذي بين يديك مش كتاب علمي ولا حاجة هو بس مجرد شوية أفكار عشان تساعدك و تساعدني قبلك إننا نفهم المتاهة اللي بنسميها "حياتنا" هتلاقي جواه شوية مواقف أي حد فينا هيعدي بيها حتى لو بطريقة مختلفة عن المكتوب لكن بطريقة ما هتكتشف إن في تشابه بين الأفكار اللي في الكتاب و اللي بتحصل في حياتك، مقدرش أوعدك إن الكتاب هيكون مميز بس أنا واثقة إنه هيكون بداية لطريق جديد ومختلف في حياتك، هيكون بعد كل فصل حوار بيني و بينك و أنا هكتب بكل حب في المقابل إنك هتكمل الحوار للآخر من غير انسحاب، اعتبر إننا بنفضفض لبعض و بنحكي مشاعرنا، الإنسان محتاج لحد

ميعرفهوش يحكيله الجزء المخفي من القصة بدون أقنعة فعشان كده هتشارك معايا في إننا نكتشف خريطة حياتنا عشان نعرف نخرج من النفق اللي تايهين فيه و نوصل للنور، و اسمحلي يا عزيزي أفكرك بشوية حاجات، هل تتذكر بداية حياتك ليس تلك البداية التي يعلمها الجميع ذلك اليوم الذي يحتفل به البعض لأنه عيد مولده، أقصد بدايتك أنت لإدراك لعبة الحياة، طفولتك، لعبك و لهوك في الشارع؟ هل تتذكر كيف لم تكن تحمل همًا ولا حزنًا؟!

كانت أقصى مشاكلنا أن تسمح لنا والدتنا باللهو في الشارع برفقة الأصدقاء، لهفة البدايات دائمًا مختلفة و مميزة.

البدايات جميلة محدش يقدر ينكر ده، أنا مثلًا عندي اقتناع تام إن البدايات كلها شبه بعض بغض النظر هي بداية أي بالضبط، البدايات دائمًا بتكون مثالية و بتلمع و الإنسان بيكون مبهور بيها بعدين العيوب بتظهر يعني مثلًا، أما تنزل شغل جديد في البداية بيكون عندك طاقة تعرف أكتر تتعلم من الشغل و تستفيد، بعد فترة بتبدأ تتعود اللهفة بتاعت البداية بتروح و بتشوف عيوب الشغل ده، ممكن يكون المدير أو زميل في الشغل معاك أو إن مكان الشغل بعيد مثلًا و بيستهلك منك طاقة كبيرة و مش عارف تتأقلم، و قيس على المثال ده بقا كل البدايات اللي في حياتنا أظن كلنا فاكرين أول مرة من كل حاجة عملناها، أول يوم في المدرسة، أول يوم تخرج لوحدك من غير أهلك، أول مرة تتعرف على أصحاب جداد، و زي ما قال عبد الحليم أول مرة تحب يا قلبي و أول يوم أتهنى، و عشان أول مرة من كل حاجة بتكون مميزة و بتلمع زي ما قالت صديقتنا إسراء، بداية حياتنا بردو بتكون مميزة

كلها اكتشاف و مغامرات أكيد فاكر مغامراتك أنت و صغير مش مغامرات زي بتاعت سندباد و كده لا إحنا مغامراتنا على قدنا واقعية شويه، يعني أنا شخصيًا كنت بحب أكتشف اللعب بتاعتي بتشتغل إزاي فكنت أنا و أخويا الكبير نفضل نفك الألعاب عشان نعرف أي جواها؟ وهي إزاي بتشتغل؟ و الحوار ده كان بينتهي نهاية مؤلمة مع اللعبة في الغالب اللعبة بتكون غير صالحة للعب معاها مرة أخرى، و أظن إن كتير عمل الحركة دي، ارجع بالزمن ورا يا عزيزي و افتكر كل الخراب اللي كنت بتعمله في البيت، و شقاوتك في إنك تقف مع ماما في المطبخ عشان تعرف هي بتعمل الأكل إزاي،

الجميع يفكر دائمًا بأنه ليت تلك الأيام تعود يومًا ليت الأماني تدرك، لكن؛ لما ليت لما لا يمكننا فقط التوقف و خلق البدايات الجديدة أليست الحياة بدايات مختلفة؟

....

إذًا أي الحاجز اللي قدامنا في بداياتنا لأي حاجة حابين نعملها؟؛

....

خلينا نفكر مع بعض أي المشكلة اللي واقفة قدام إنك تبدأ حاجة جديدة أنت عاوزها؟

....

أي الحاجة اللي نفسك تبدأ تعملها و خايف؟

....

امتى آخر مرة عملت حاجة لأول مرة؟

....

دلوقتي بما إننا وصلنا لهنا خلينا نتفق اتفاق صغير أي سؤال في الكتاب هنجاوب عليه بكل صراحة..

أيوه دي مش غلطة أنت قرأت صح هنجاوب عليه أنا و أنت، و لو مش هتجاوب بلاش تكمل الكتاب، أصل أنا يا عزيزي القارئ قعدت أفكر هو إحنا ليه مش بنجاوب على الأسئلة اللي في الكتب و بنتجاهلها لقيت إن السبب خوفنا، إحنا بنخاف نواجه نفسنا بالحقيقة و بنخاف أكتر إن حد غيرنا يشوف الحقيقة دي و أخيرًا و بعد سنوات طوال

من التفكير الرهيب الطويل إحم إحم اكتشفت الحل، إحنا لازم ناخد خطوة شجاعة و أول خطوة هتكون مني إني هتكلم معاك بكل صراحة في المقابل إنك لو مش حابب تجاوب على الأسئلة اللي موجوده في الكتاب ممكن تجاوب في نوت بوك و بعدها بكل سهولة تحرقها، أو ترميها، أو تقطعها المهم إنك تفرغ الجزء المخفي من القصة و بما إنك وصلت لهنا و بتكمل فهعتبر إن دي موافقة على كلامي، و زي ما اتفقنا إحنا الاتنين هنجاوب فاسمحلي يا عزيزي أشارك معاك إجابتي أنا مثلًا كنت عاوزه أكتب كتاب وكان عندي أكتر من مشكلة بصراحة زي إني مش عارفة أحدد فكرة الكتاب، و كمان محدش غيري أنا و خمسة آخرون مقتنع إني كاتبة و متحمس للي هكتبه، فكان ده في حد ذاته مشكلة معايا، حتى عائلتي كانت بتقولي أي فايدة كل ده، أنتِ فاكرة نفسك طه حسين؟ و حاجة من جو طريقك مسدود مسدود يا ولدي، فكل ده خلى عندي خوف من بداية الكتاب، و إني ممكن أفشل بس الحمدلله على إني عنيدة فقررت إني هعمل الكتاب و اللي يحصل يحصل، أي أقصى حاجة وحشة ممكن تحصل يعني أكيد مش هيتقالي أم كتاب فاشل بعدين أنا واثقة إني هعمل كتاب حلو هيفيد

ناس كتير تايهة في حياتها و أهو أخدت الخطوة و الكتاب بقى على أرض الواقع، و في إيدك يا عزيزي القارئ عشان كده بطلب منك إنك تفكر شويه في الحاجة اللي عاوز تبدأ فيها و تحط خطة، و تبدأ و سيب اللي يحصل يحصل بس أهم حاجة إن البداية دي تكون حاجة كويسة يعني مش حاجة حرام أو ممكن تأذي غيرك.

الفصل الثاني

❖كنت محاطًا بسور من الحب كيف بات سجنًا؟❖

العائلة أولًا ثم يأتي بعدها كل شيء، العائلة ذلك الظل الخفي الذي يكمن في تفاصيل حياتك هؤلاء الأفراد الذي تمضي معهم سنوات عمرك، أول ما تصطدم به من الواقع البداية لكل شيء، فهم من أهم عناصر الحياة فوالدتك تلك اليد الحنون التي تمطرك بدعواتها كل يوم، و تشعر بالدفيء بوجودك بالقرب منها كأنك تستمد منها الطاقة، في حين أن والدك تراه قدوتك و مثلك الأعلى ذلك الشخص الذي يُنهك نفسه بالعمل ليحقق لك أمنياتك و رفاهياتك، الأمان و الجدار الذي تستند عليه، الذي في وجوده كل شيء يصبح بخير و إخوتك مجموعة من الأشخاص ترى الحب في أفعالهم فكما يقال "جيش المرء عائلته" فماذا يمكن أن يحدث إذا أصبح جيشك هو عدوك الوحيد؟ كيف يمكننا الهرب إذا أصبح ملجئنا الأمن هو مصدر الرعب ؟

❖❖❖❖❖❖

تجلس في عيادتها تتصفح تلك الرسائل التي وصلتها حديثًا على مدونتها غيث، لا تعلم متى أصبح العالم مرعبًا إلى هذه الدرجة، لا تدري أكان هكذا منذ البداية أم أنه تغير فجأة، أظنها لم تكن تلتفت له كثيرًا رسالة تليها أخرى وأخرى تليها أخرى الكثير والكثير من الرسائل جميعها تدور حول محور واحد مع اختلاف الكلمات وطريقة التعبير، جميع هذه الرسائل تتحدث عن العائلة أو ليست العائلة أماننا ومأمننا وملاذنا وحضننا الدافئ؟!! متى تغير كل هذا وكيف يمكن له أن يتغير؟ كيف للأمان أن ينقلب لحظة إلى الضد هكذا؟ كيف يمكننا أن نثق في العالم إذ تحول من يشكل لنا الأمان في هذا العالم إلى أحد مصادر الخوف بل وأهمها؟ بدأت تتصفح الرسائل في حزن "أنا مُهرة أنا معرفش مالي بس أنا متضايقة من بابا، كل سنة يجيلنا ضيف بيقولوا إنه بابا، هو طول عمره مسافر و في شغل ممكن يقعد سنة أو أكتر و بعدين يرجع يقعد معانا شهر أجازة و شويه، ويرجع شغله تاني كأنه ضيف في بيته، ماما كانت تفضل تقولنا اسمعوا الكلام طول ما بابا موجود متزعلوش بابا منكم، و خليكم مؤدبين، وهو موجود لازم نكون أحسن نسخة من نفسنا و بعد ما يمشي نرجع لحياتنا الطبيعية تاني، أنا اتعودت على كدا إنه مش موجود أنا عارفه إنه

مسافر علشانا و مش بلومه، بس بردو مينفعش حد يلومني على إني أسست حياتي على عدم وجوده، أنا خلاص تأقلمت إنه مش هنا حتى لو موجود."

"اسمي حياة بيقولوا إن الإنسان بيكون ليه نصيب من اسمه لكن أنا بقول عكس ده، أنا عايشة حياة بلا حياة أنا عايشة في عائلة لو أي حد شافهم من بعيد هيقول عليهم عائلة مثالية، أب شغله ثابت و بمرتب كويس، أم مهتمة بالبيت و أخوات كل واحد في كلية مختلفة من الكليات القمة زي ما الناس بتقول، لكن لو ركزنا في التفاصيل هنلاقي أب في شغله دايمًا أهم حاجة عنده إنك تكون بتأكل و بتشرب و تنام و مش فاهم إن في حاجات أكبر من الأكل و الشرب، أم أهم حاجة يكون بيتها مترتب و إنها تعمل الأكل و دورها في حياتي تقولي شوفي بنت عمك جابت مجموع قد أي، أنتِ إزاي مش طالعة زيها؟ أي حاجة بعملها هي ناقصة من وجهة نظرهم لو جايبه تسعة و تسعين في المية بيقولوا و فين الواحد في المية، بيشوفوا إن ده تشجيع ليا عشان أجيب درجة أحسن لكن أنا مش بعمل حاجة غير إني بحس إني ماليش لازمة"

أصدر الهاتف صوت رنين ليعلن عن وصول مكالمة أجابت: ألو... هو وصل... خليه يتفضل

ثوانٍ و انفتح الباب ليعلن عن دخول شاب في أوائل العشرينات من عمره يبدو عليه الإرهاق، جلس بهدوء لتبدأ هي بالكلام : أستاذ حمزة نورتنا

=شكرًا يا دكتورة آسف على تأخيري عن الميعاد

ابتسمت له ابتسامة لطيفة: ولا يهمك تحب نبدأ؟

=يا ريت

: تمام ارتاح حضرتك و اتكلم و أنا معاك.

=أنا حمزة في كلية تجارة عندي ٢٢ سنة بشتغل في مطعم مع دراستي وتوقف عن الكلام و بدأ عليه الإضراب و التردد، نظرت إليه و لم أتحدث أعطيته مساحته حتى يخرج كل ما بداخله

=أنا مش عارف أقول أي و حاسس إني متلغبط

:تقدر تتكلم و تقول اللي عاوزه و إحنا هنرتبه سوى

نظر لها بعمق قليلًا ثم أردف :أنا عايش في بيت مش عارف أتعامل معاه، أنا حاسس إني تايه و ضايع مش عارف أدي أي رد فعل في حياتي على

كل الحاجات اللي بتحصلي، حاسس إني بموت و إنهم مش حاسيين، هما كويسين بس أنا حاسس إن أبويا مش بيحبني مش بيكلمني حتى لو حاولت إني أكلمه، المشكلة في إني اتعودت على ده كنت الأول بكون عاوز أكلمه و أعاتبه بس دلوقتي حاسس إنه خلاص مافيش فايدة، أنا زعلان على اللي أنا وصلتله مش المفروض إن العائلة هما السند لينا لو مش هنتسند عليهم هنتسند على مين؟!

نظرت له قليلًا دون أن يبدو عليها أي ردة فعل ثم قالت: عندك حق العائلة هما السند لو مش هنتسند عليهم يبقى هنتسند على أي؟ تفتكر يا حمزة الناس اللي عيلتها مش موجودة بيتسندوا على أي؟ و أي إحساسهم؟! الناس اللي فقدوا عيلتهم بسبب حادث أو ممكن لأنهم انفصلوا دول بيعملو أي؟!

=مش عارف بس أكيد بيحاولوا يملوا الفراغ ده و يشوفوا حل

:صح بيحاولوا يشوفوا حل و تفتكر الحل هيكون أي؟! أنت مثلًا عملت أي بعد ما عرفت إن عيلتك ممكن متعملش الدور بتاعها؟

=أنا حاولت كتير أشوف حل، حاولت أكلمهم كنت ببعتله مش بيرد بيشوف الرسائل و مش بيرد، أنا حاولت كتيبير لكن مافيش فايدة لا تعليم ولا شغل ولا حياة روحت لدكتور و شخص حالتي إن عندي وسواس قهري وسواس بيهمس ليا كل يوم (إني ماليش لازمة، كل حاجة بعملها ناقصة، كل حاجة غلط، مش هكون أبدًا زي ما هما عاوزين) أنا تايه و محدش واخد باله من ده أنا مش كويس و مش عارف أكون كويس، مش عندي صديق مقرب حتى أهلي مش مهتمين و مش واخدين بالهم من اللي بيحصلي.

:مهما حاولت إنك تهرب هترجعلهم

=الفكرة إني بهرب من أهلي أنا المفروض أهرب من اللي بيأذيني ليهم مش العكس، عارفة أسوأ حاجة أي؟ إن محدش فيهم بيشوف محاولاتي أنا كان نفسي إنهم يأمنوا بيا و بحلمي، أنا عمري ما قصرت بس أنا السيء في رواية الكل رغم كل محاولاتي

-كمل حضرتك سكت ليه؟

أجابها وهو لا يستطيع أن يجمع رابطة جأشه بسبب كم المشاعر المؤلمة التي اجتاحته دفعة واحدة

=آسف لكني مش هقدر ، ممكن نكمل في وقت تاني

أجابته وهي تتفهم تلك الحالة التي وصل إليها

-زي ما تحب، أقابل حضرتك الأسبوع اللي جاي

=تمام

خرج مسرعًا من تلك الغرفة التي تطارده بها كل تلك الذكريات التي لا يحبها

تنهدت إسراء بهدوء عقب خروجه، دقائق و سمعت دقات على الباب

:اتفضل

دخلت السكرتارية و هي تقول:

=كدا كل الحالات اللي موجودة النهارده خلصت

:تمام يا ريم تقدري تمشي أنتِ

=خير يا دكتورة وشك باين عليه الإرهاق أنتِ كويسة؟

:مستغربة يا ريم من اللي بيحصل للناس كل فترة بيجيلي حالات الإنسان

بيكون مصدوم من اللي بيقولوه إن الإنسان يتأذى من أكتر حد المفروض يحس معاه بالأمان ده شعور بيقتل، مش فاهمة إزاي شخص ممكن يوصل ابنه للمرحلة دي

=يا دكتورة الناس اللي بتجيلك هنا دول مش هما المرضى الحقيقين، اللي يوصل حد لمرحلة دي هو ده المريض اللي المفروض يتعالج

:عندك حق يا ريم

جلست ريم على الكرسي أمام المكتب و أكملت حديثها قائلة:

=عارفة يا دكتورة رغم كل الأهل بيعملوه بس بيكون عندهم اعتقاد غريب إن هما صح و كدا بيحموا أطفالهم

☐وفي أغلب الأحيان بيكونوا صح و بيحاولوا يحموا أطفالهم و بيكونوا عاوزين يحموهم و يشجعوهم بس المشكلة لو الموضوع جاب نتيجة عكسية

=فعلًا أنا بابا كان دايمًا بيقولي إنه مش مستني مني أحقق حاجة نقصاه، و إني مش بجري في سباق هو عاوزني أعمل الحاجة اللي

بتريحني و بس، مش عاوزني أكون مكسورة و ضعيفة كل مرة كان بيقولي كده كنت بكون فخورة بنفسي و تلقائي أنا بعمل الصح لينا إحنا الاتنين

:الواحد كل ما بيكبر كل ما بيفهم إن المسؤولية حاجة صعبة إحنا لسه في شبابنا و كل شوية بنكون عاوزين أجازة سنة عشان نرتاح من الضغط اللي بيكون حوالينا، إحنا بنتولد و مش بناخد بالنا من المجهود اللي بيعمله الأب أو الأم و الضغط المهول اللي بيكون عليهم بس في أهل لو حصل معاهم ضغط كبير بتلاقيهم غصب عنهم ممكن يضغطوا أطفالهم أو ممكن يكونوا بيربوا أطفالهم بنفس الطريقة اللي اتربوا بيها.

=للأسف كده غلط علي بن أبى طالب -رضي الله عنه و أرضاه- قال "لا تربوا أبناءكم كما رباكم أباءكم؛ فإنهم خلقوا لزمان غير زمانكم".

:لكن مش كل الأهل بيعملوا كده و إن في أهل مش بتكون فاهمة التغيير ده، و إن طبعًا مش الكل، و في أهل بيكونوا على النقيض و

بيكونوا فاهمين التغيير ده، لكن إحنا لازم نزيد الوعي و لازم الأهل تحاول تفهم اللي بيحصل لأطفالهم و إنهم لو ماشيين في طريق غلط مينفعش ننتقضهم إحنا ممكن نعرفهم الطريق الصح و وجهة نظرنا و نديهم الحرية إنهم يختاروا طريقهم...

قطع كلماتها صوت رنين الهاتف ليعلن عن وصول مكالمة من رفيق الدرب أجابت مسرعة: حبيب عيوني وحشتني

=حبيبي لسه في العيادة؟

: أيوه

=هعدي عليكِ نروح سوى

:تمام يا عيوني، سلام

=سلام

أغلقت الهاتف و نظرت إلى ريم قائلة: آسر جاي دلوقتي تقدري تمشي خلاص مافيش شغل تاني النهارده

=أنتِ و أسر قريبين أووي من بعض؟

: أيوه من ساعة وفاة بابا و ماما و هو الوحيد اللي بيدعمني و واقف جمبي

=ربنا يرحمهم

□اللهم آمين

❖❖❖❖❖❖❖❖❖❖❖❖❖❖❖❖❖❖

ومع اكتشافنا للعالم و فضولنا إننا نفهم حياتنا إحنا فين؟ مين دول؟ أي الناس اللي حوالينا دي؟ و طبعًا أول حاجة بنحتك بيها عيلتنا محور الكون بتاعنا في فترة البدايات بيبدأ بقا تربيتهم لينا و تحكمهم و إزاي إن اختياراتهم صح، و إن هما كبار فهما شافوا كتير، و إحنا بقا بننبهر اللي هو أنتم إزاي كده؟ أنا لسه فاكرة انبهاري ببابا و إزاي كنت بشوفه حد عظيم اللي هو أي الحلاوة دي، كل مرة كان بينزل أجازة من شغله كنت بستنى رجوعه و كنت أكتر واحدة بحب أفضل معاه، أنا كنت بفضل أركز في تفاصيلهم بطريقة غريبة اللي هو استنى نشوف بابا بيعمل أي و نعمله، كنت بحاول أقلد أغلب حركاتهم عشان أبقى حد جامد زيهم، خلينا متفقين إن كلنا بنكون مبهورين بعيلتنا و بنحاول نقلدهم افتكر كده معايا كام مرة حاولت تقلد باباك

أو مامتك أو حتى أخواتك؟ مرات متتعدش إحنا أصلًا بنتولد عاملين زي الكاميرا بنصور أي حاجة بنشوفها و نرجع نعيدها تاني و إحنا صغيرين اعتمادنا بيكون اعتماد كلي على الأهل، بنكون محتاجين نحس بحب غير مشروط مش الحب بتاع اسمع الكلام عشان أحبك، في كرتون مولان كانت بتقول لوالدها إن هي جابتله سيف شان يو و إن الإمبراطور أهداه لتشريف العائلة، رد عليها رد جميل و مريح و قالها إن "أعظم هدية و شرف إن أنتِ بنتي" ساعات كتير الإنسان مش بيكون محتاج من أهله حاجة غير إنهم يأمنوا بيه و بقدراته و يشجعوه على ده، لكن للأسف مش كل الأهل بيعرفوا يعملوا كده، أهلك ملهومش دور في تعافيك و علاجك حتى لو هما السبب، و طول ما أنت مقتنع إن هما الغلط و لازم يحلولك المشاكل يبقى أنت شخص غير ناضج؛ لأن الأهل في الغالب بيكون عندهم نية حسنة في إنهم يهتموا بأطفالهم لكن هما مش بيكون عندهم فكرة إزاي ممكن يهتموا بيهم فبيفضلوا يختاروا تصرفات بيكونوا فاكرين إنها صح زي إنهم لو ابنهم بيعدي بتجربة صعبة و حزين ممكن من غير قصد يكونوا سبب ضغط ليه في إنهم مثلًا يلوموه في إنه إزاي مش عارف يعدي الموقف البسيط ده، من وجهة نظرهم و إن هما و في نفس سنه عدوا بأصعب من كده و تخطوه في

الغالب مش الأهل بس اللي بيعملوا كده ده ناس كتير بتقلل من وجعك لو كانوا جربوه و اتخطوه، و بيشوفوا إنك غلطان في وجعك ده و إنك إزاي مش قادر تتجاوزه أنت مش أول إنسان يعدي بالموقف ده، و بجد دي أكتر جملة عبثية ممكن حد يقولهالك اللي هو أي يعني مش ينفع أشتكي عشان أنا مش أول حد يمر بالموقف ده؟ طيب ما دي تجربة جديدة في حياتي أنا و أول مرة أعدي بيها، أي ذنبي إن حد غيري جربها قبلي و لحق يشتكي خليني أسألك يا عزيزي هل قابلت شخص في حياتك بيستخف بحزنك لمجرد إنه عدى بنفس الموقف و تخطاه؟

....

الإنسان اما بيلاقي أهله غير مهتمين بمشاعره بيبدأ ينكر ده و يحاول يكون شخص غير نفسه عشان ياخد و لو ذرة من الحب و الاهتمام، عشان بيكون فاكر إن هو السبب في تجاهل عيلته ليه بيفقد الثقة في نفسه و بتتكون في دماغه فكرة إن أنا مقدرتش أعجب أكتر حد المفروض يحبني فكده المفروض العيب فيا أنا، فبيبدأ يغير من شخصيته عشان يكون حد تاني، لكن ده شيء عادي و أنت مش مجبر تقوم بالدور اللي أهلك اختاروه ليك، اطلع من حوار أصل عيلتي بتقولي

مش عارف أي، و اعرف إن ده طريقك لوحدك و دي أحلامك أنت، محدش هيسعى ليها غيرك و اتأكد أن أنت تقدر تطلع من الزنزانة اللي حابس نفسك فيها و تشوف نفسك على حقيقتها بره دائرة التحكمات اللي هما فرضوها عليك، أنت ليك الحق إنك تحقق أحلامك أنت مش تحقق أحلامهم فيك

=هو يعني وحش إني أحقق أحلامهم؟ ما أكيد هما عاوزيني الأحسن

لا مش وحش و هما أكيد عاوزينلك الأحسن بس أنت عمرك ما هتوصل للأحسن ده لو مش مرتاح فيه و بتحبه، وخليني أقولك يا عزيزي إن أنت لو ما تقبلتش أحلامك و دافعت عنها هتلاقي نفسك اتحولت لنسخة من النسخ الكتير اللي حواليك اللي ماشيين في روتين معين مبيخلصش، زي إنك لازم تدخل كلية قمة عشان تبقى أحسن من ابن خالتك دخلت كلية قمة يا عزيزي؟ أنت لازم بقا تلاقي شغل كويس بمرتب حلو لقيت شغل؟ أنت لازم تتجوز واحدة حلوة و بنت ناس، اتجوزت؟ أنت لازم تشتغل عشان تجيب فلوس و تشيل المسؤولية، التزامات في التزامات في التزامات، و مين حطها؟ المجتمع؟ مين المجتمع ده؟ أنا و أنت و الأخ اللي ورى ده، طيب فينك أنت يا عزيزي من كل الالتزامات دي؟ فين ذاتك؟ فين أحلامك مش الأحلام اللي فرضتها عليك الناس؟

=يعنى أنتِ عوزانا نعمل أي دلوقتي؟ نقولهم لا و نعمل اللي في دماغنا؟ طيب ما هي بعدين هتيجي على دماغنا.

أنا مش عوزاك تعند معاهم ولا تكون وحش بس أنا عوزاك تجرب و تخرج من الزنزانة اللي مفهم نفسك إنها من غير مفتاح، و تشوف أحلامك و الحاجات اللي بتحبها و تتعلم، هو الإنسان اي غير شوية

تجارب يعني، في كرتون نيمو والد نيمو مارلين قال إن هو وعده إن مافيش حاجة هتحصله، دوري ردت عليه و قالتله إن ده وعد غريب أصل مينفعش تمنع عنه كل حاجة تحصله كده، تبقى عِيشة مملة، و هي فعلًا عندها حق مينفعش الأهل يمنعوا عن أطفالهم كل حاجة تحصلهم، ولا ينفع كمان يسيبوهم يواجهوا كل حاجة تحصلهم لازم يكونوا عارفين هما امتى يتدخلوا و امتى وجودهم في الكواليس بيكون مثالي، إهمال الأهل لأطفالهم أحيانًا بيكون مفيد، مقصدش إن إحنا نسيبهم منسألش فيهم، لا إحنا نسيبه هيعمل الغلط و يعرف إنه غلط و هيتعلم الصح، هيعرف أي الغلط و عواقبه عشان كدا لازم نسيب مساحة صحية لأبنائنا، المساحة دي هتعلمهم يعني أي حياة و أي هو الواقع، أنا مش بقول إن احنا مننصحهمش لكن أنا بقول إن أنت لازم تحترم طموح ابنك و احترم إن أنت كمان كان ليك في يوم أحلام و طموح كنت

بتسعى ليه؛ فسيبه يغلط و متخافش عليه لو غلط هيتعلم من غلطه ولو نجح أكيد هيكون فرحان و مبسوط، ده في يوم من الأيام لعبة علمتنا إن مينفعش نعيش لو مافيش طفل بيحبك على الأقل حاول إن يكون الطفل ده ابنك، و افتكر دايمًا إن العائلة محدش فيها بيتنسى أو بنتخلى عنه نرجع للعبة الأسئلة بتاعتنا

☐أي الحاجة اللي بتحب إن أهلك يعملوها عشانك؟

....

☐أي الحاجة اللي بتتعصب و تضايق لو أهلك عملوها؟

....

☐مين الشخص اللي بتحب وجوده معاك من عيلتك؟

....

☐مين الشخص اللي مش بتحب تكون معاه في نفس المكان من عيلتك و ليه؟

....

☐ عملت أي عشان تحسن علاقتك بالشخص ده؟

....

أنا عارفه إن الأسئلة مش الفقرة المفضلة في الكتاب لكن حاول تجاوب عشان بجد هتفرق معاك، هي ممكن تكون صعبة شوية و مش ليها إجابة نموذجية لكن إجابتك ليها هتحدد مشكلة عندك، و هنحاول نلاقي ليها حل و افتكر إن هدف الكتاب نواجه مشاكلنا منهربش منها.

الفصل الثالث

❖ضلعك الثابت لا يميل❖

الصديق الحقيقي ليس ذلك الصديق الذي معك منذ وقت طويل إن الصداقة أرقى من أن تقاس بالوقت أو المسافة، الصديق الحقيقي هو ذاك الذي يحفظ كلماتك و لا يخيب ظنك به، يكون هنا بجوارك إن ضاقت الدنيا و يذكرك دائمًا أنه رفيق القلب، يفهم تعثراتك ولا يلومك، ذلك الذي إن كنت بين الكثير من الأصدقاء تفتقد وجوده ولا يروق لك هذا العالم بدونه، و إن قاربت على السقوط يكون عونًا لك و صديقك الصدوق ذلك وحده الذي نبتسم عندما يمر في خاطرنا، كتفك الثابت، و في رحلتك للطواف في دروب الحياة تقابل الكثير من الأشخاص منهم من يصبحون رفاق الحلم و المكان و منهم من يعبر في حياتك كالضيف تعتاد على وجود البعض و يصبح عالمك الجديد يتمحور حولهم تمسكون بأيدي بعضكم البعض في محاولة منكم أن تزيلوا ضباب الطريق للوصول إلى الجهة الأخرى، البداية الجديدة التي لا تعلمون خباياها لكن كما سحر آدم بتلك التفاحة ورغبته بمعرفة ما

يمكن أن يحدث عند أكلها أأصابك السحر لتعلم ما هي نهاية الدرب الذي تسلكه؟

كانت تضع ما تحتاج في حقيبتها مسرعة لقد تأخرت كالعادة دائمًا ما تتحمل صديقتها تأخرها عن الميعاد المتفق عليه، هذه هي طبيعتها ولا يمكنها تغييرها كانت تخرج من غرفتها مسرعة و هي تنادي: آسر، آسر، آسر

أجابها مسرعًا لتصمت

= أي يا زفتة كفايه سامعك

:عاوزه الجاكت الجينز بتاعك بسرعة

=لا لبسي تاني لا يا إسراء، دولابك مليان هدوم

:حبيب عيوني هدومك أحلى أنا بحبه الجاكت ده، بطل رخامة بقا و هاته

=لا مش هتثبت بردو

:هجبلك أكل و أنا راجعة

=هتلاقيه في الدولاب من فوق هاتيلي ساندويتشات كبدة و قوليله يكتر الشطة

عيل واطي

=بتقولي أي يا عيوني

أجابت و هي تهم بالرحيل: ولا حاجة أنا ماشية و ربنا على الظالم و المفتري

رحلت مسرعة لتحاول الوصول إلى صديقتها رواء قبل أن ينفذ صبرها على تأخرها كل هذا، دقائق و وصلت إلى المكان الذي اتفقا على أن يتقابلا به لكنها لم تكن موجودة ظهر الفضول على ملامح إسراء فرواء ليست من ذلك النوع الذي يحب التأخير هي تحب الوصول في الميعاد دائمًا، و تؤمن بأننا يجب أن نحترم الوقت، جلست في ركن بعيد عن أنظار من في المكان قليلًا و انتظرت صديقتها لتصل مر الوقت و أخيرًا حضرت كان يبدو على ملامحها الحزن جلست بهدوء بدون أن تتحدث لهذا بدأت إسراء الحديث قائلة: رواء هانم متأخرة على ميعادها مش معقول؟ أنتِ كويسة؟

نظرت لها ببعض الوهن ثم قالت =قابلت منى

قالت باستغراب :منى عيد؟

=أيوه

:طيب أنتِ كويسة قالتلك أي زعلك؟ أنا من أول ما اتأخرتِ كنت حاسة إن في حاجة مش طبيعية

=هو الإنسان إزاي ممكن يتخطى فقدان شخص بيمثل ليه الحياة؟ ليه ممكن إنسان يمثل الحب و هو مش مجبر؟

نظرت لها بحزن على ما أصاب قلبها: رواء

قاطعتها قائلة= أنا مش فاهمة بجد أنا مش أذيتها ليه تأذيني كده؟ ده أنا كنت بحبها كانت بتكلمني كأنها مش ارتكبت في حقي جريمة هو أنا أستاهل يحصلي كده؟ أنا وحشة؟

بسرعة تنفي ما تقوله: لا أنتِ عمرك ما كنتِ وحشة، شوفي نفسك بعيوني هتشوفِي كل الحلو اللي جواكِ أنتِ بجد حد كويس جدًا، عارفة أنا قرأت وصف حلو أووي قبل كده بيقول الناس الغلط في حياتنا عاملين زي الشوربة، و إحنا زي الشوكة محدش فيهم وحش لكن هما

مش مناسبين لبعض أصل مافيش منطق بيقول إني أشرب الشوربة بالشوكة، مينفعش نفضل قدامهم و نقول إزاي و إن الشوربة وحشة هي ليه مش راضية تتشرب بالشوكة؟ الشوربة ليها معلقة و ده المناسب ليها و الشوكة ليها اندومي بقا، و ده مكانها الصح فعشان كده متقرريش إنك وحشة أنتِ حلوة لكن مع الشخص الصح، و محاولاتك كلها جميلة زيك خليكِ واثقة في نفسك.

=كانت دايمًا بتفضل تقولِي إني تخينة و إزاي ممكن حد يحبني و أنا بالشكل ده، و لو زعلت تقولِي إن هي بتنصحني، صاحبتي من الابتدائي كانت دايمًا بتقولي إني غلط كانت بتعرف تقلب الترابيزة صح و تخلي الكل يقف في صفها كانت صاحبة مكان زي ما بيقولوا معايا في كل مكان، كانت ماما بتقولي إنها مش بترتاح ليها بس أنا كنت بقولها إنها صاحبتي و بتحبني متخيلتش في يوم إنها تكون كده

: أنتِ جميلة يا رواء، جميلة بكل تفاصيلك بجد أنتِ كان لازم تبعدي عنها العلاقات اتخلقت للود و الحنية و التفاهم متخلقتش عشان نتعب و نفضل نبرر موقفنا

=حتى العتاب مش بقيت عارفة أعاتبها أصل هعاتبها ليه؟ هروح أقولها أي؟ هقولها ليه بتأذيني؟

:عندك حق العتاب ده بنقوله لحد حابين وجوده في حياتنا عارفين إنه يستاهل و عاوزينه يكمل معانا لكن حد قرر إنه ميكملش بإرادته ليه نعاتبه؟ ده جزاء قراره إن إحنا نتخلى عنه، في التخلي راحة لازم تشوفي الصورة كاملة تشوفِي أنتِ اتحملتِي قد أي؟ تشوفِي هي إزاي داست على كرامتك و كانت مهمشة وجودك

=عارفة يا إسراء أنا بجد بكون حزينة على كل اللي عملته عشانها أنا ماكنتش عاوزه آخد درس عمري فيها أنا كنت بحبها

أمسكت بيدها و ضغطت عليها بخفة و قالت بكل حنان: اللي فات بغلطاته و مشاكلة متحبسيش نفسك فيه، أنتِ أحسن من إن عمرك يضيع في الزعل رتبي أولوياتك و عيشي صح بلاش تعيشي جوه دائرة الماضي في جملة جميلة جدًا في فيلم الفار الطباخ بتقول "لو ركزت على اللي ضاع منك عمرك ما هتشوف اللي بيستناك" و دي حقيقة لازم الكل يقدرها لأن الإنسان لو فضل مركز مع الماضي هيتعب و ييأس و عمره ما هيستمتع بالحاضر، أو ينجح في المستقبل لو ركزتِي في كل الصدمات اللي بتواجهنا هتتعبي، و هتشوفي الحياة صعبة عشان كده لازم تشوفي رزقك الدنيا واسعة و مش بتقف على حد.

نظرت لها و الدموع تملئ عيناها احتضنتها بحب قائلة:

=عارفه كل مرة بتكلم معاكِ بتأكد إنك رزقي من الدنيا دي يا إسراء، أنا اتعرفت عليكِ في أسوأ فترة مريت بيها و عمري ما اتخيلت إنك تكوني قريبة مني بالطريقة دي بجد وجودك عوضني عن أي حاجة خسرتها، أي مشكله بتحصل لو أنتِ موجودة معايا بحس بالأمان بجد الدار أمان عشان أنتِ فيها يا صديقي الصدوق، كل مرة بكون معاكِ بتأكد من جملة إن الصحاب مش بالسنين تأكدي إن كل مرة هختار وجودك معايا و إني هفضل بحبك دايمًا

:و أنا كمان بحبك، كفايه زعل بقا يا عيوني و يلا بينا نتمشى أنتِ بتحبي المشي

ابتسمت بحب وقالت:

=بحب المشي عشان بكون معاكِ أنتِ.

أمسكا بأيدي بعضهما البعض و خرجا من المكان و كل منهم يبتسم للآخر.

❖❖❖❖❖❖❖❖❖❖❖❖❖❖❖❖❖❖

في الحياة سريعًا تمر الأيام لتعلمك أنك تملك أجنحة خفية برقة فراشة عليك محاولة الطيران و الخروج من محيط أسرتك واكتشاف الصحبة، رفاق في محطة أخرى من محطات الحياة، درب من الدروب التي يجب الخوض فيها رفاق الطفولة، وعشان حب الاكتشاف اللي عندك يا عزيزي بيكبر مش بيقل بتحاول تكتشف حاجة جديدة بره حدود عيلتك، و أول مكان بتحاول تكتشف اللي فيه الشارع و المدرسة بتحاول تتعرف على أصحاب و تكون علاقات و تعرف ناس و دي حاجة طبيعية، الإنسان كائن اجتماعي بطبعه إلا لو كان عنده مشكلة بتخليه مش عارف يتواصل مع اللي حواليه بيبدأ مفهوم الصحاب يتكون عندك في الغالب أنت مش بتكون عارف حد فيهم لكن مع الوقت بيتكون رابط الصداقة بينكم، و إزاي إنتوا مشتركين في نفس السن و التفكير الطفولي الساذج؟ عشان شخصيتك بتكون ساذجة و غير ناضجه و ده شيء عادي الإنسان بيتولد مش فاهم حاجة و بيكتسب

شخصيته من التجارب اللي بتحصله في حياته، تذكر معايا يا عزيزي أي كانت تجربتك مع أصحاب الطفولة؟ أنا أول أصحاب اكتسبتهم كانوا في المرحلة الابتدائية كان عالم جديد بالنسبالي كنت بشوف كل حاجة بذهول و أكتر حاجة لسه بستغربها لدلوقتي التنمر اللي بيحصل في المرحلة دي أظن إن كله واجه المشكلة دي حتى لو مش كان بيحصل ليه هيكون كان بيشوفه أو كان هو السبب فيه، واللي اكتشفته بعدين إن الطفل اللي بيتنمر على زميله ده في الغالب بيكون عنده مشكلة في البيت أو هما في البيت مفهمينه إن التنمر ده حاجة عادية، و ممكن كمان الأهل يكونوا بيتنمروا على حد قدامه والكارثة بقا لو بيتنمروا على ابنهم و دي مصيبة تخيل طفل لسه بيكون مفاهيم حياته و رايح المدرسة يتعلم فيتعلم إن التنمر شيء عادي بسبب إن زميله بيعمل كده، و الطفل اللي بنتنمر عليه بتحصله مشكلة أكبر بيكون عن نفسه مفهوم "أنا وحش" بسبب كلمة قالها ليه شخص غلط سواء كانت كلمة من نوع (شوفوه أسمر إزاي؟ ده عيل زنان، عامل زي عود القصب رفيع أووي، هو أنتِ تخينة كده إزاي؟ عيوط مافيش راجل بيعيط، أسنانها بايظة، لسانه ناقص نص الكلام بيقوله غلط)

كل دي شويه من الأمثلة اللي بتحصل و في أكتر أمثلة مش بتخلص بسبب رفاق المكان الصحبة اللي بنتعرف عليها في بداية حياتنا بسبب وجودنا في نفس المكان مع بعض و للأسف عشان بنكون لسه صغيرين مش فاهمين اللي بيحصل فبنعدي و نقول إنهم أصحابنا المشكلة بقا لو أنت كملت في العلاقة دي رغم تهميشهم ليك أنا عارفة إن الإنسان في طفولته بيكون تفكيره غير ناضج بس أنت دلوقتي مش طفل

يا عزيزي ولازم تفهم إن اختلاطك بيهم بيأثر عليك بالسالب فكر يا عزيزي، و افتكر اتعلمت من أصحابك أي؟

....

افتكر جملة كانوا بيقولوها ليك مش ناسيها سواء حلوة أو وحشة؟

....

في دروب حياتنا هتلاقي ناس كتير منهم اللي هيكمل معاك الرحلة للآخر و منهم اللي دوره في جزء صغير منها لازم نتعلم نتجاوز و إن مش أي حد هيدخل حياتنا يكون صديق و مرحب بيه في ناس ترحيبك بيهم

بيأذيك، إنك تتأخر في إنك تلاقي صديق يشبه قلبك أحسن من إنك تضيع طاقتك على صديق مش فارق معاه وجودك، لازم يكون عندك اتقان لفن المسافة و إن مش أي حَد ينفع يكون جوه مساحتك الآمنة ولازم تفهم إن مش كل اللي في حياتك يستاهل إنك تحاول عشانه لو هتحاول يبقى تحاول عشان حد هيقدر ده هيستمر و يكمل معاك المشوار هتقدم يبقى هو كمان هيقدم، قصاد محاولتك محاولة عشان يفضل معاك الأصدقاء الحقيقيين مش هيكونوا سبب في حزنك أنا يا عزيزي في مرة كان ليا صديقة كنت بحكيلها إني عاوزه أشتري كتاب معين و إني فرحانة إنه أخيرًا نزل بعدها بكام يوم جابتلي الكتاب و قالتلي إن هي بتحب لمعة عيوني و أنا بتكلم عن الحاجة اللي بحبها، هل لك أن تتخيل يا عزيزي أنا كنت فرحانة قد أي؟ موقف زي ده عرفني قد أي وجودي فارق بالنسبالها، من رأيك إن إحنا لو اتخانقنا في يوم ممكن أقرر أبعد شخص زيها يستحق إننا نحاول عشانه كتير عشان إحنا واثقين إن وجوده مهم، إحنا محتاجين لشخص واحد بس ينبهر بكل أفعالنا مهما كانت بسيطة، لكن للأسف مش كل الناس بتكون عاوزه وجودك في حياتها، الإنسان مش بيتهزم غير من المقربين منه اللي بينكروا محاولته رغم إنهم شافوا وجعه اللي بيروحلهم عشان يعتزل إيذاء الدنيا فيجرحوه في ناس بيمثلوا عليك الحب و إن هما عمرهم ما هيسيبوك، عشان كده لازم تتأكد إن كل شخص كان سبب في حزنك و وجعك ده شخص عابر مش هيهتم باللي هيحصل في حياتك، و فقدانك الثقة في نفسك و اللي حواليك، أنا يا عزيزي كان عندي صديق قبل كده و حصل بينا مشكلة و إحنا بنتكلم قولتله فهمني عشان دماغي متتعبنيش، جاوب برد كنت مستحيل أتوقعه منه بكل برود قالي دي دماغك مش دماغي أنا مش مضطر أبررلك حاجة، ساعتها أنا كنت شايفة الرسالة و مش عارفه أرد أقول أي أنا كنت عاوزه مجرد كلمة تفهمني الموقف عشان مفهموش غلط، لكن

بكلامه ده أكدلي إن وجودي مش فارق، في الوقت ده أنا فهمت إن إحنا مستحيل نرجع زي الأول و فعلًا عدت فترة و أنا و الشخص ده بعدنا ساعتها أنا كنت شايفه إن دي حاجة كويسه أصل يا عزيزي وجودك في مكان مبيقدرش قيمتك تقليل ليك، في كرتون فروزان ملكة الثلج إلسا لما بعدت عن "آنا" بدون مقدمات "آنا" فضلت تعمل كل حاجه بيعملوها سوى و كانت بتفضل تقف قدام أوضتها و تسألها و تقولها "لقد كنتِ صديقتي و لم نعد يا ليتك تشرحين؟" كانت عاوزاها تشرح هي بعدت ليه لكن هى مش كانت بترد عليها اللي بيبعد مش هيجاوبك هو بعد ليه عشان كده انتظارك لإجابتهم عن الأسئلة اللي بتدور في عقلك زي انتظارك للنار في إنها تجاوب عن سؤال هو أنت بتحرقي أي حاجة بتقرب منك ليه؟

عشان كده فكر كويس يا عزيزي مين هما أصحابك المقربين مش لازم يكونوا عدد كبير شخص واحد كفايه إنه يكون إجابة للسؤال ده؟

....

مين اللي حابب وجودك معاهم؟

....

مين أول حد هتتصل بيه لو وقعت في مشكلة؟

....

لو اخترت إنك تفضل 24ساعة مع نفس الشخص هيبقى مين؟

خليك فاكر يا عزيزي الحياة بسيطة، فليه تقضي يوم كامل تفكر بكلام الناس و دموعك تنزل عشانهم؟ ليه تتعب نفسيًا أو جسديًا عشان صداقة أو علاقة؟ أنت تقدر تنهيها مش عارف تنهيها سطحها خلي في مسافة و الناس كتير و الحياة بتستمر، الحياة مؤقتة، و وجودنا مش دايم إزاي مستني إن الناس تدوم في حياتك؟ هي الحياة كده طرق كتير هتقابل ناس أكتر و في ناس هيكونوا مجرد مرحلة، عود نفسك إنك تكون سبب فرحتك اعرف أنت بتحب أي، و أي اللي هيغير مودك و اعمله متستناش من حد يعمله عشانك، عوَّد نفسك تفرح ببساطة التفاصيل لأن أما يكون مصدر أمانك هو أنت مش هيكون في حاجة تخوفك و هتتقبل أي حاجه تحصل بهدوء.

الفصل الرابع

❖أحلامنا تستحق أن نحاول من أجلها مرة أخرى❖

الأحلام لا تأتي مصادفة، بل نحصل عليها من الحماس لنيل أحلامنا والمحاولة؛ لتكون أنت و البحث عن إجابة ماذا نصبح حين ينال الكبر منا؟ فأنت تجاهد تخطو كطفلٍ يتعلم السير في ممرات الحياة يدهشك كل ما هو جديد و لامع، تشعر بالحماس الدائم تبدأ ببناء أحلامك مؤمنًا بأن غدًا يصبح الحلم واقع وردي و جميل، تنظر إلى ذاتك بفخر وثقة بأنك صاحب الحلم، تبني الكثير والكثير من الأحلام مرددًا لنفسك أنه يجب عليك المحاولة إلى أن تصل، إما أن تصل وإما أن تصل لا مفر سيتحقق لا محالة، فلا يوجد حل آخر تحاول تحفيز نفسك و رؤية الجمال حولك تأخذ نفسًا عميقًا وتخرجه بهدوء و تذكر نفسك أن الطريق ما هو إلا خطواتٍ تسير بمحذاتها لتصل إلى ما تريد، تفكر قليلًا فيما هو آت تراودك بعض التساؤلات أغدًا يتحقق الحلم ونصل؟

يضرب عقلك قليلًا ثم تلملم شتات نفسك مسرعًا مخبرًا ذاتك أنك ما زلت في البداية، و أنه في كل رحلة حكاية لذلك علينا قراءة ما بينا السطور و معرفة حكاية أحلامنا؛ لنصل إلى إجابة تلك الأسئلة التي تحلق فوق رؤوسنا كطير جارح.

أغدًا نصل يا رفاق؟

❖❖❖❖❖❖❖❖❖❖❖❖❖❖❖❖❖❖❖❖❖

تجلس في هدوء و يصدح في المكان صدى صوت ضحكاتها تعشق وجودها في المنزل بمفردها تعشق ذلك الوقت الذي يكون كالمكافئة لها على تحملها كل ما تمر به، تؤمن أن العزلة أيضًا حب كانت تستمع لفيلمها المفضل روبانزل و تشرب قهوتها كما تحب و كما يحدث دائمًا، يمر الوقت الذي نحبه بسرعة دون أن نشعر، و نفقد قدرتنا على إدراك الزمن قطع اندماجها مع الفيلم دخول آسر و هو يصيح

=ااه يا ضهري، آه يا ركبي، آه يا سوسو آه

نظرت له باشمئزاز و أردفت: كنت لسه هقولك مالك بس أنت عيال مهزئ و تستاهل عشان تبطل تقولي يا سوسو

=والله ما حد يستاهل الضرب غيرك، أنتِ أخدتي عليا أوي

:روح ياض بعيد عني عاوزه أكمل الكرتون مش ناقصة صداع

وضع يده على قلبه و بدرامية كبيرة قال:

أه يا قلبي بتبيعيني عشان كرتون

:طبعًا أنت بتهزر ده روبانزل يا ابني

قذف في اتجاهها الوسادة قائلًا:

والله طفلة و هتفضلِي طول عمرك طفلة.

ابتسمت ابتسامة باردة: حبيبي تسلم أنا مش عاوزه أكبر

نظر لها بتعجب:

نفسي أفهم سر حبك للكرتون ده لو سمعتيه مليون مرة مش بتزهقِي

نظرت له بحب و ابتسامة صغيرة ترتسم على وجهها: روبانزل ده العشق يا ابني

=أيوه فهميني يعني أي المميز فيه؟

:قصته، كل مرة بسمعها بقع في حبه مع إني عارفة و متأكدة إنها قصة خيالية

=أي المميز في قصته الأميرة بتحب و تتجوز و بيخلفوا صبيان و بنات و بيعيشوا في تبات و نبات

:بعيد عن إن محدش بيعيش في نبات أصلًا بس القصة مش كده

اعتدل في جلسته و قال باهتمام لم يحاول اخفائه: احكيلي وجهة نظرك أنا بحب أسمعك

ابتسمت بحب و أردفت :روبانزل كانت عايشة في البرج 18سنة كانت كل سنة في عيد ميلادها بتستنى مصابيح السماء كانت بتحس إنها بتنور عشانها و كان عندها حماس إنها تعرف السر ورى الأنوار دي، حماسها إنها تعرف السر بيفكرني دايمًا بحماسنا

بدأ عليه عدم الفهم و قال: إزاي؟

: إحنا في بداية حياتنا بيكون عندنا حماس و بنحط خطط و أهداف، و بنكون عاوزين نوصلها رغم إن طريقنا ممكن يكون صعب، و بيفضل اللي حوالينا يحذرونا من اللي ممكن يقابلنا في الطريق، أهو ده نفس

اللي حصل مع روبانزل إن جوثل كانت دايمًا بتحذرها من قسوة العالم و إن الناس حقودية و شريرة ما بيصدقوا يشوفوا أي شعاع للشمس لازم يطفئ

=بس هي كانت غلط و روبانزل قالتلها كده

:أيوه أنا معاك إن رأيها في الدنيا كان غلط و إن الناس مش كلها وحشة بس ده ميمنعش إن الناس مش كلها كويسة بردو

=بس هي كانت بتقولها كده عشان عاوزه تحبسها في البرج هي كده مش بتحبها

:عندك حق عمر الحب ما بيكون إنك تمنع اللي بتحبه من الحاجات اللي بيحلم بيها، هي كانت عاوزه تحبسها زي ما كمان في ناس كتير بتكون عاوزه تحبسنا في دوامة التفكير من غير ما ناخد خطوة في حياتنا، بتكره إن إحنا نخرج بره الحياة اللي هما عاوزينها لينا تحت مسمى "يعنى هو إحنا هنكرهلك الخير" بس بمجرد ما بيشوفونا بنحاول ننجح و نخرج بره الدائرة اللي هما رسموها لينا بيفضلوا يكرهونا في الطريق اللي ماشيين فيه و إن دي حاجة وحشة أو إزاي إحنا ممكن

نوصل للحلم ده؟ إحنا إزاي هنقدر نتخطى كل الصعب اللي في طريقنا و إن إحنا أضعف من كده

=روبازل مصدقتش الكلام اللي اتقالها و هربت

: أيوه و إحنا كمان المفروض منصدقش غير الكلام اللي بيشجعنا و نهرب من أي حاجة ممكن تكون سبب في إننا منحققش أهدافنا و تلغي حماسنا

=بس أنا شايف إن روبانزل كان طريقها صعب شويه قابلها مطعم البطابيط اللي كان جوه مختلف عن اللي هي عايشة فيه، و المجرمين اللي كانوا بيطاردوا يوجين و الحصان، و فوق ده جوثل كانت بتطاردها

:صح هي كان طريقها صعب بس ده الطبيعي مافيش طريق بنعديه من غير عثرات لازم تقابلنا مصاعب عشان نوصل للمكان اللي إحنا عاوزينه و رغم كل اللي قابلها في طريقها، بس هي كانت قوية و مطعم البطابيط بالرغم إنه كان مختلف عن كل اللي كانت متعودة عليه بس هي واجهتهم و سمعت أحلامهم و الحصان العنيد سمع كلامها عشان عاملته بطيبة

=في آخر الفيلم كانت بتقول ليوجين إنها مرعوبة إنها طول عمرها بتحلم بإحساسها هيكون أي لما تشوف الأنوار اللي في السماء و كانت بتسأل هو ممكن إحساسها يكون وهم؟

قالت بحماس :ده أجمل جزء في الكرتون كله ساعتها يوجين رد عليها بكل ثقة و قالها إنه مستحيل يكون وهم بس هي كانت خايفة و مش عارفة هتعمل أي لو طلع إحساسها صح، و عشان يطمنها رد عليها و قالها إن دي حاجة حلوة و إنه هيدور معاها على حلم جديد ساعات بتكون أقصى أمنياتنا إن إحنا عاوزين حد معانا يأمن بحلمنا و إنه هيكون معانا دايمًا عشان نحلم بحلم جديد سوى

نظر لها و عيناه تلمع بإعجاب غريب لها وحدها =أنتِ إزاي كده؟

أجابت باستغراب: كده إزاي؟

=كده اللي هو كده بتقدرِي تشوفِي جزء مش متشاف من القصة، كل حاجة بتكون أسهل بس لما بتشرحيها من وجهة نظرك كل حاجة بتكون أخف و أجمل الإنسان بجد فخور بيكِ و بيحبك

أردفت وعينها بها الكثير من الحب: حبيب عيوني يا جدع والله و أنا كمان بحبك

في طفولتنا بيكون عندنا حماس إن إحنا نختار أحلام و أهداف عشان نشوف هنكون زي مين لما نكبر زي بابا و لا زي ماما، ولا ممكن أبقى زي خالو اللي مسافر بره بتبدأ تظهر كثير من علامات الاستفهام

في حياتنا، كل ما نختار طريق نلاقيه بداية لطرق جديد و مختلف، حماسنا إننا نعرف كل حاجة بسرعة بيخلينا نجرب كتير، نعمل زي ما أنا عملت بالضبط نختار كل يومين حلم ما هو ده اللي بيعمله الحماس معانا و عادي جدًا لو مش كنت عارف أنت عاوز أي دي مش مشكلة بالعكس، المشكلة لو حاولت تقلد اللي حواليك من غير ما تفهم نفسك و حماسك، تدريجيًا خطوة تلو الأخرى يندفع حماسك نحو الحياة و تندفع أنت مسرعًا لاكتشاف الطريق وخوض الرحلة، ذلك الحماس الذي يصاحبك عندما تُقبل على شيء تحبه و تؤمن به، يندفع بسرعة ليملئ فؤادك تبدأ بالبحث و اكتشاف الطرق الجديدة، كلنا فاكرين السؤال العظيم اللي كان أي مدرس بيدخل الفصل يسأله لينا، أنت نفسك تطلع أي لما تكبر؟ أنا شخصيًّا إجابتي على السؤال ده كانت بتتغير كل ما أسمع كرتون مختلف، يعني مرة تلاقيني عاوزة أطلع محققة و أحارب الشر زي كونان، بعدها بأسبوع كنت عاوزه أبقى محامية و أدافع عن الفقراء، و شهر كمان و بقيت عاوزه أشتغل ممرضة

و أربي الأطفال الأيتام، و كل ما الوقت يعدي أكون عاوزه حلم مختلف خالص عن اللي قبله؛ أحلام منها اللي مجنونة و منها الحلوة بس مينفعش تتحقق عشان ده الواقع للأسف مش كرتون من سبيستون، فاكر يا صديقي إجابتك عن السؤال ده كانت بتكون أي؟ فاكر أنت كان نفسك تطلع أي؟

....

حماسنا بيخلينا نحلم و نحط أهداف و نستمتع، و الإنسان أما بيكبر للأسف بيفقد الصفة دي بتتحول أحلامه من إنه عاوز يكون أصحاب و يبقى مسؤول عن شغل و بيت لأحلام مش رقيقة مش زيكم في الحقيقة، بتمنى أعيش حياة أتمتع بيها وأشتريلي جزيرة بعيد و أعيش فيها وحيد حواليا جبال فلوس أتمرغ فيها أيوه بالضبط كده، بنبقى صورة مصغرة من يوجين و دي مش حاجة وحشة، بالعكس يوجين كان محدد حلمه رغم إنه حلم مش واقعي شوية، لكن هو كان عارف محتاج أي، و اختاره و أنت كمان يا صديقي لازم تفهم حماسك، و تبطل تمشي ورى الناس، و تعمل اللي شايفه مناسب لشخصيتك و مناسب ليك، بطل تخلي المجتمع يختار ليك هدفك في إنك تدخل ثانوية عامة عشان أبقى

دكتور ما طب هي القمة، أنا هشتغل في شركة مش عارفة أي عشان دي شركة كبيرة و محدش بيضيع الفرصة دي، أنا هتجوز مش عارف مين عشان شكلها حلو،

لو أنت مش بتحب المواد العلمية حتى لو طب قمة مش هتبقى مناسبة ليك، لو الشركة الكبيرة دي المعاملة فيها مش كويسة أنت مش هترتاح، لو البنت اللي هتتجوزها شكلها حلو بس مش متفاهمين حياتكم هتبقى جحيم و هتنتهي قبل ما تبدأ، لابد يا صديقي تحاول تفهم نفسك.

=يعني أي أفهم نفسي؟ هي أي نفسي دي اللي لازم أفهمها؟ ما أنا فاهم أهو أعمل أي يعني؟

يا صديقي خليني أقولك أنت عايش ليه؟ أي السبب اللي مخليك مكمل في حياتك؟

=يعني أقوم أموت نفسي دلوقتي أي الأسئلة الغريبة دي يا ملك؟

لا طبعًا مينفعش تموت نفسك بس كمان من حقك تفهم نفسك تعرف أنت عايش ليه؟ عاوزين أي من الدنيا؟ يعني أنا عاوزه أبقى كاتبة

مشهورة، و أفتح كافية يكون فيه كل أفكاري المجنونة، عاوزه أبقى برقة الفراشة، و أسيب أثر طيب في حياة اللي حواليا أثر طيب يخلي أي حد يفكر فيا يبتسم، عاوزه الحياة تعدي هادية خفيفة على القلب

=بس كده ده أقصى طموحك؟

لا بس أنا لسه بشوف شفرة الحياة و بحاول أكتشف اللغز، لسه بحاول أعرف الطريق الصح في المتاهة اللي بنسميها "حياتنا"

أنت بقا يا صديقي عاوز أي من الدنيا؟ عايش ليه؟

....

لو عاوز تجاوب إجابة نموذجية صدقني مش هتلاقي، أنا شخصيّاً لو جيت و سألتني بعد كام يوم عاوزه أي من الدنيا؟ هقولك مش عاوزه منها حاجة أنا عاوزاكم بس تسيبوني في حالي أنا مش بقولك إني شخص جامد، و تعالى خد نصيحتي بس أنا حد تايه في حياته زيك، و عاوز يفهم هو هنا ليه؟ إحنا عايشين ليه؟ و عاوزين أي؟ من الدنيا أكيد حياتنا ليها سبب أكيد لم نخلق عبثًا إحنا ممكن حماسنا يقل في فترة من الفترات و ننسى إحنا عاوزين أي، ننسى هدفنا و أحلامنا بس ده

ميمنعش إننا ممكن نقف نفكر و نجمع أفكارنا، و نحط خطة نشوف أي اللي بنعمله غلط و محتاج يتصلح؟ أي العادة اللي شايف إنك لازم تغيرها فيك؟

....

يعني أنا مش هعرف أحقق حاجة لو مش وقفت عصبيتي أنا شخص عصبي و دي صفة وحشة، و ناس كتير بتشتكي منها زي روبانزل كده كمان روبانزل مش كانت هتشوف المصابيح غير لو اتخلت عن خوفها و شعورها بالذنب، خلينا نفكر في الأسئلة دي كويس يا صديقي و نجاوب عليها بالراحة شخبط براحتك و اكتب كلام مش مرتب إحنا مش في امتحان مش هتنقص درجة لو كلامك مش كان مترتب

☐أي الحاجة اللي بتحبها و وقتك بيعدي من غير ما تحس بيه و أنت بتعملها؟

....

☐أي الحاجة اللي بتحلم إنك تحققها في يوم من الأيام؟

....

☐هو أنت شايف إنك كده بتحاول تحقق حلمك؟!

....

☐أي العثرات اللي شايفها بتمنعك من تحقيق حلمك؟

....

☐امتى آخر مرة كنت متحمس إنك تعمل حاجة جديدة؟

....

☐أي الحاجة اللي لو عملتها بتخلي عندك طاقة و شغف إنك تعمل حاجة جديدة؟

....

أتعلم يا صديقي، إن حتى لو الكل قال إن اللي بتعمله بلا فائدة فده حلمك أنت، أنت اللي هتقرر قيمته و هتعرف فائدته فكمل طريقك، و متقفش عشان لو فضلت في الحزن و الوجع مش هيتغير حاجة، عشان كده حافظ على خطواتك ولو كانت بسيطة إنك تحاول تتقدم كل يوم

خطوة أحسن من إنك تفضل قاعد في مكانك أنت عمرك ما هتعرف أي اللي بيخبيه ليك المستقبل، لكن لازم تبذل جهد في اللي بتعمله دلوقتي ومهم جدًا إنك تلغي من دماغك فكرة فشلك و تعرف إن الفشل ده أول خطوة من خطوات النجاح، عادى الانسان يجرب و يتعلم و يغلط قيمتك مش هتتحدد من درجتك في المدرسة أو تقدير في الجامعة، قيمتك أنت اللي بتحطها لنفسك لما بتحاول و تغلط و بعدها تتعلم الصح، و افتكر إنك مش محتاج تثبت حاجة لحد و إن مهما كان ظاهر إن أحلامك مستحيلة لكن أنت عليك بس تاخد الخطوة الأولى، أمنياتك مش هتتحقق بالحلم لوحدها لازم تساعدها بشغلك الكتير، و ساعتها بس هتحقق كل اللي نفسك فيه لكن مش من العدل إنك توصف نفسك بالفاشل و أنت مأخدتش فرصة عشان تحقق حاجة.

الفصل الخامس

❖كيف نكون عندما نصبح ذاتنا❖

الأمر أشبه بالوهم تتوهم إنك قادر على المواجهة؛ لتكتشف إن الطريق صعب و إن المواجهة ليست بهذه السهولة، تتوهم أن الواقع وردي، وأن الخير ينتصر دائمًا على الشر، و أن الحب و الأمل يملئ الناس و لا مكان للكره بيننا؛ ليصدمك الواقع مرة أخرى بأن الإنسان لغز لا يمكن حله أو أنه لا يجب علينا حله..؟!

علينا تركه، تركه يتشكل و يتكون و يصبح ما يريد، لذا إهدأ قليلًا يا صديقي توقف عن الركض،

اسمح لذاتك بنيل أكبر الأحلام و وضعها بداخلك، خذ نفسًا عميقًا ثم ذكر ذاتك بأن بوضعك أهدافك أمام نظرك تقدم خطوة من تحقيق ما تريد؛ لكن عليك إدراك أن أهدافنا بدون خطة مجرد أمنية لهذا، عندما نبدأ السير في درب جديد نحو ذلك الهدف الذي وضعناه، نؤمن إيماننا مطلقًا بالنجاح، و نرسم بالألوان قوس قزح طريق مليء بكل ما نحب، ندع خيالنا يخبرنا ما سنصبح عليه عندما ننال هدفنا حتى يدفعنا ذلك

إلى السعي أكثر و بذل مجهود، و بين أهدافنا المتعددة و رغبتنا في الوصول إلى القمة التي يرسمها لنا المجتمع ننسى و نتناسى أن هدفنا الأول في الحياة هو أن نحيا و أن نعيش لا نتعايش

❖❖❖❖❖❖❖❖❖❖❖❖❖❖❖❖❖❖❖❖❖

كانت تجلس في شرفة غرفتها بهدوء تنظر للبحر اهتز هاتفها ليعلن عن وصول أحد الاشعارات من تطبيق الفيسبوك؛ لتفتح تلك المدونة التي قامت بتأسيسها "غيث" لتكون عونًا لبعض الأرواح التائهة في متاهة الحياة و كالعادة وصلها العديد من المشاكل قامت بفتح المسجات بالترتيب و هى تقرأ بهدوء.

"هو احنا اتخلقنا ليه؟ و مش عاوزه الإجابة التقليدية بتاعة اتخلقنا عشان نعمر الأرض، أنا عاوزة أعرف أنا هنا ليه أنا أى ميزتي في الحياة دي أنا حاسة إني عايشة بلا هدف تائهةو مش عارفة أعمل أي؟ "

"أنا زهقت من كل دا زهقت من حياتي و مش عارف أعمل أى أنا عاوز بس حد يشاور على طريقي و يقولي هو ده أمشي فيه و هتوصل؛لكن أنا مش لاقي طريق ولا لاقي حد يساعدني أنا حياتي بايظه و كله شايفني فاشل "

"هو أنا ليه كل حاجة بختارها مش بتكمل؟ بجد والله أنا مش عارفة ليه بس مفيش أى حاجة كنت عوزاها كملت هو كده العيب فيا؟ أنا فيا حاجة عمري ما بطلتها مهما اتخذلت والله لما بكون هعمل حاجة جديدة أو

حاجة أنا بحبها بتحمس بشكل مبالغ فيه، وبتبقى آخذه كل تفكيري و بتخيل سيناريوهات كتير في دماغي، وحتى بعد ما بتفشل أنا بفضل عايشة في الأوهام اللي بنيتها، وأقول كان نفسي تبقى حقيقة، والحوار ده عاملي أزمة في حياتي وغالبًا أنا نص مشاكلي بسبب كده لو مكنتش كلها "

قطع تكملتها في القراءة صوت طرقات على باب الغرفة أجابت بالهدوء : ادخل

دخل و هو يضحك لها و أردف بصوت عالي نسبيًا =سوسو يا سوسو صباح الخير يا سوسو

أمسكت الوسادة التي بجوارها و قامت برميها في اتجاهه و هي تصرخ : اطلع بره تاني ياض لو هتقولي سوسو،

أمسك الوسادة مسرعًا =ليه بس يا سوسو يا قمر ده أنا بحبك،

نظرت له بنظرة غاضبة : قولتلك مش بحب الاسم ده يا بلاش تدلعني تانى لو سمحت، جلس بجانبها في هدوء: طيب يا ستي اهدي مش هقول يا سوسو تاني

:يبقى أحسن والله عاوز أي؟

=شوفتي الرسائل اللي وصلت لغيث؟

:اه لسه قبل ما تدخل كنت بقرأ فيها

نظر إليها بهدوء: هتعملي أي

لتبتسم له: اسمها هنعمل ايه الجروب بتاعنا مش بتاعي لوحدي يا أستاذ

أجابها في حيرة =مش عارف شكلها وسعت مننا ولا ايه؟!

أمسكت بيديه في هدوء: مش وسعت ولا حاجة هي بس الدنيا عاملة زي المتاهة هتتخبط فيها شوية لغاية ما توصل للنهاية في كل ركن في المتاهة دي هتلاقي حاجات كتير بس لازم نفكر نفسنا إن هي دنيا و إنها ليست ديارنا في العيش عيش الآخرة مش لازم كل ما تبهرنا حاجة نكمل معاها ممكن تكون نهايتها مسدودة عشان كدا لازم نشوف

طريق مختلف، ومينفعش نقف في نصها كدا هنتوه أكتر و مش هنوصل للحاجات اللي بنحبها و اتأكد أن دايمًا في طريق ليك حتى لو دورت كتير، و كل الطرق اللي جربتها كانت نهايتها مسدودة هيكون في طريق مستنيك محدش هيمشي فيه غيرك، و مهما كان الصحاب اللي معانا في المتاهة كويسين ممكن يجي يوم و طريقنا يختلف عشان توصل لمكانك،

نظر لها بإنبهار و إعجاب دائمًا ما تواسيه بكلماتها الحنونة التي تربط على قلبه كل مرة دائمًا ما يقتنع أن أخته هي جيشه الوحيد = الإنسان فخور إنك أخته قوليلي بقا هنعمل أى ؟

أمسكت بهاتفها بهدوء قالته:بص يا سيدى التلات رسايل متفقين في حاجات رغم اختلاف الكلام إنهم عايشين بلا هدف و عاوزين يعرفوا الطريق اللي هيمشوا فيه

=و دي هنعملها ازاي المفروض كل واحد يكون عارف هو أى هدفه

:ما هو المشكلة إن ناس كتير حياتها متلغبطة و بتكون تايهة و مش عارفه تعمل أى يعني أنت مثلًا عاوز تعمل أى دلوقتي

أجاب ضاحكًا =عاوز أفطر والله يا بنتي

يا ابني اتكلم جد شوية

=عادي يعني أنا عاوز أنجح في حياتي

:و هتنجح ازاي في حياتك؟

=مش عارف بس أنا في آخر سنة في الجامعة يعني في الأول هشوف شغل كويس أكون حابب الوجود فيه و أشوف عروسة و أكون أسرة و أعمل بيت سوي نفسيًا أظن كدا هكون نجحت في حياتي

: أهو في ناس بقا متلغبطة ومش عارفة تعمل ايه، و خايفة وفي دماغها مليون فكرة بس مش بيعرفوا يبدأون صح محتاجين بس حد يساعدهم زي كرتون سيمبا، في الكرتون سيمبا هرب بعد موت أبوه و فضل لغاية ما كبر رافض يرجع أرض العزة و مش كان عاوز يرجع لغاية ما قابل نالا تاني و في اللحظة دي سيمبا افتكر كل حاجة و كان عاوز يحكيلها بس كان خايف إنها تبعد سيمبا فضل في خوفه و متردد و مش عارف ياخد خطوة صح، حتى لما نالا قالتله إنهم محتاجينه في أرض العزة سيمبا رفض و قال إنهم من غيره أحسن ف نالا بتقرر ترجع من غيره و إنها مش هتستسلم بعدين سيمبا يقابل رفيكي القرد الحكيم و

بيخبط سيمبا فى دماغه و بيقوله جملة عظيمة " الماضى بيوجع لكن من وجهة نظري لتهرب منه .. أو تتعلم منه" سيمبا لو فضل عمره كله هربان عمره ما كان هيلاقي طريقة ولا هيبقى ملك، عشان كدا الإنسان المفروض ميهربش كل ما تقابله مشكله يحاول مرة و اتنين و تلاتة و أكيد هيلاقي حل بس يفكر بره الصندوق و يبطل يجلد في ذاته، ذاتك دي لو حد صاحبك و اتكلمت معاه بالطريقة اللي بتكلم بيها نفسك هيقطع علاقتك بيه عشان كدا حاول تشجع نفسك و تكون رحيم بيها بلاش تكون أنت و الناس عليها، و اعرف نقاط قوتك و عززها أصل مينفعش نمشي في الدنيا بالبركة

=هي أى نقاط قوتنا دي كمان

:الحاجه اللي أنت بتحبها

=زى الكورة

: أيوه زي الكورة و كل حاجه بنحبها لازم نشوف الحاجات اللي احنا بنحبها و شاطرين فيها و نطور من نفسنا فيها، يعني أنت مثلًا بتحب الكورة عمرك ما هتبقى لاعب لو فضلت بره الملعب و بتشجع اللي

حواليك إنهم يلعبوا كويس أنت لازم تجرب تنزل الملعب و تعمل فريق و تلعب تمرينات و تلعب ماتش حقيقي عشان تبقى لاعب مش لازم فريق مشهور إبدأ خطوة خطوة تلعب مع أصحابك مثلًا و بعدين تشترك في نادي و أما تتحسن و تعرف إنك خلاص بقيت لاعب كويس ممكن تشترك في مسابقات و هكذا لغاية ما توصل للي أنت عاوزة؛ لكن فكرة إن أنت مش هتبدأ غير بخطوة كبيرة يبقى عمرك ما هتبدأ

=فهمتك

نظرت له ضاحكى :طيب الحمدلله طلع عندك عقل و بتفهم

نظر لها بصدمة و قال= على فكرة لسانك طول يا سوسو

:يا لهوي بقاااا متقوليش سوسوو

❖❖❖❖❖❖❖❖❖❖❖❖❖❖❖❖❖❖❖❖❖❖❖❖

الحياة متاهة و كلنا متأكدين من كدا و كلنا عشنا إحساس إن احنا تايهين مش عارفين نروح فين و نيجى منين أي أهدافنا؟ و ايه اللي اتخلقنا عشانه ؟ الإجابة الطبيعية اللي أى حد بيجاوبها على للسؤال دا إن احنا

اتخلقنا عشان نعبد ربنا " وما خلقت الجن والإنس إلا ليعبدون " لكن أنا مقصدش ربنا خلقنا ليه؟ أنا أقصد ايه مهمتنا في الحياة؟ احنا هنا ليه؟ ساعات كتير بنكون مش عارفين طريقنا و بننسى نفسنا و نفضل نحط لنفسنا أحكام إن احنا فاشلين؛ لكن احنا محتاجين نبطل حكم على نفسنا شويه، و نفوق يا صديقي فوق من اللي أنت فيه أنت مش فاشل و عمرك ما كنت فاشل

□أنتِ متعرفنيش يا ملك أنا كله بيقولي إني فاشل هصدقك و أكذب عنيا يعني

لا يا صديقى أنت مش لازم تكذب حد، ومن حقك متصدقنيش بس لو كلام الناس هيهمك يبقى كنسل أحلامك و أنت عمرك ما هتوصل بس بص حوليك، و قولي بعد ما صدقة إنك فاشل كدا أنت اتغيرت و بقيت ناجح؟! أكيد لا بالعكس أنت بقيت تايه و مش عارف تعمل أى، و حتى طريقك مش عارفة أنت محتاج تتقبل حياتك و فشلك، و تعرف إن حياتك مش هتتحل بالكلمة السحرية دي حتى المعجزات محتاجة وقت، فبطل اللي أنت بتعمله أنت بتجلد نفسك كل يوم، وأنت عارف إن دا ملوش فايده، أنت بتندم على حاجات عدت خلاص و أنت لو

رجع الزمن هتختارها تانى، أنت مستمر في شغل مش بتحبه و مستغرب أنت مش بتنجح فيه ليه؟! فوق يا صديقي أنت الوحيد اللي لازم تعرف إجابة سؤال أنا هنا بعمل أي؟ ايه سبب وجودي؟ أنت عشت طول حياتك فى متاهه فإدي نفسك فرصة، و افتخر بكل إنجاز حتى لو كان صغير عشان أنت الوحيد اللي عارف أنت مريت بأيه و ايه الحاجات اللي خسرتها في طريقك و رحلتك الغير مفهومة عشان تكون الشخص اللي أنت عليه دلوقتي؛ فأنت كدا بتظلم نفسك أما تخلي حد مشافش اللي أنت شوفته، يحكم عليك بالفشل! و يقيم تصرفاتك

☐ أنا مش فاهم أعرف طريقي ازاي اديني إشارة واحدة، و أنا همشي معاكِ للآخر

لازم تفهم قبل أى حاجة إن الطريق عمره ما هيكون سهل مهما بأن من بره إنه جميل أي حلم في حياتنا هيكون ليه أكتر من طريقة عشان تحققه، أغلب الناس بتختار الطريقة الواضحة السهلة اللي كله عارف محدش بيحاول يخرج برا الصندوق و يحاول يحقق حلمه بطريقة مختلفة، أنا كان معايا صديقة ليا كانت زعلانة إنها في كلية إعلام، و هى عمرها ما كانت بتحب الكلية دي ولا كانت من أحلامها كانت

بتحكيلي بكل حزن إنها بتحب المواد العلمية؛ لكن كلية إعلام المواد اللي فيها مختلفة مش زي اللي متعودة عليه و كانت زعلانة جدًا على حلمها اللي ضاع أنا لسه فاكرة ردي ليها ساعتها، رديت عليها بكل بساطة قولتلها أنتِ خلاص في الكلية لهتفضلي عمرك كله زعلانه على إنك مش وصلتي لحلمك اللي مش كان في ايدك أي حاجة تعمليها أكتر، من إنك سعيتِ ليه لما تختاري تحاولِ تحقيقه بطريقة مختلفة ممكن تكونِ مذيعة لقناة أخبار علمية مثلًا صحبتي ساعتها قالتلي إنها مش فكرت في الفكرة دي، هي بس كانت زعلانه على حلمها اللي ضاع، الإنسان مننا بيكون قدامه طريقين عشان يحقق حلمه الطريق المعروف السهل و طريق مش كل الناس بتختاره و للأسف لو فشل في إنه يحقق حلمه، بيفضل يقنع نفسه إنه فاشل مع إن الفشل خطوة من خطوات النجاح و محاولاتك دليل على نجاحك، مفيش فاشل بيفضل يحاول أنت اللي بتتحكم بأهدافك و حياتك، أنت مش محتاج معجزات ولا حلول مختصرة، أنت محتاج إنك تؤمن بنفسك و محاولاتك الحياة مش بتمشي زي ما احنا عاوزين بس دى بردوا حاجه حلوة هتحصل

حاجات غير متوقعة، حتى لو حاجة وحشة في المهم إنك تتقبلها و تعرف إن الحياة مش بتستمر بوتيرة واحدة دايمًا هيكون في اختلاف، متخليش أخطائك تحبطك أخطائك بتعلمك و بتخليك مختلف، و لو نفسك ضاعت منك مرة متسمحش إنها تضيع تاني

☐هل يا صديقي أنت شايف نفسك فاشل؟

....

☐ايه أغبى قرار أخذته؟

....

☐ عملت ايه عشان تصحح أغبى قرار أخذته؟

....

☐ اكتب هدف نفسك تحققه الفترة الجاية

....

الفصل السادس

❖ماذا جرى لحياتنا؟!❖

وبعد بضعة خطوات من المسير يبدأ كل شيء بالوضوح لك أكثر و أكثر، تبدأ العثرات في الظهور معلنة أن الطريق وَعرْ لا يمكنك تجاوزه بسهولة، وأن جميع محاولاتك جميلة لكنها غير كافية تبدأ بالتعب و يبدأ جسدك بالصراخ وطلب الراحة، ترى أنه لا يمكنك تحمل الرحلة تبدأ بفتح عيناك على مصرعيهم لترى الواقع المرير، وتدرك حينها أن الوصول ليس سهلً و أن الحلم قد لا يتحقق غدًا أو بعد غد بل و قد يستمر أيام كثيرة، تبدأ بالطواف حول ذاتك مكتشفًا مهارتك في محاولة لتجاوز عثرات الطريق، فإياك أن تجعل العثرات تشغلك عن مقصدك وعمَّا تريد، تجاوزها بهدوء كتجاوزك للقطات المملة في فيلمك المفضل، تجنب المواجهة و التعمق في العثرات فيجب عليك الانعزال و تجنب ضوضاء الطريق.

❖❖❖❖❖❖❖❖❖❖❖❖❖❖❖❖❖❖❖❖❖❖

كانت تجلس في هدوء تنتظر أن يصل الدكتور الذي سوف يشرف معها على تلك الحالات؛ فهذه أول مرة تجرب أن تحضر جلسة من العلاج الجماعي، كم يبدو أن الوضع صعب لا تعلم ماذا تفعل؟ كانت تهدأ من

روعها مخبرةً ذاتها أنها جلسة واحدة فقط لتتعلم أكثر و تستفيد، دقائق و جاء الدكتور

مد يده ليصافحها قائلًا= إزيك يا دكتورة إسراء؟

بخير يا دكتور الحمد لله، هو إحنا هنبدأ الجلسة امتى؟

=دقايق و هتلاقيهم متجمعين متقلقيش

:تمام يا دكتور

جلست بهدوء منتظرة الجميع دقائق و بدأوا بالدخول إلى القاعة واحد تلو الآخر و الجلوس على المقاعد المخصصة لهم، بدأ الدكتور الكلام قائلًا:

أقدملكم الدكتورة إسراء هتحضر معانا الجلسة النهارده، زي ما إحنا متعودين كل واحد هيبدأ يعرف نفسه و يحكي المشكلة اللي عنده و إحنا هنتناقش فيها، نبدأ بعلياء لو جاهزة

ضمت كفيها لبعض في توتر و بدأت كلام □أنا علياء رابعة كلية تربية

أساسي علوم، عدى أربع سنين و مش عارفة اتأقلم، كله بيقولي إنها أجمل أيام و إني المفروض مش أعديها كده بس أنا مش عارفة أعمل أي أنا مش حاسة إن المكان ده مكاني وأنا في نص المحاضرة بيجيلي لحظة إدراك إني في تربية ومش حاسبات بكون عاوزه أعيط، معقولة بعد كل اللي عملته يبقى ده أخرة مجهودي دي نتيجتي أنا؟ بفضل أقول إني راضية و الحمد لله، بس في لحظة بقول هو يعني ماكنش ينفع أدخل

الكلية اللي نفسي فيها؟ الإنسان عاوز يفهم إزاي يتقبل تكسير أهم أحلامه؟

صمتت و لم تكمل احتل الوجع ملامح وجهها، إن أنصت جيدًا يمكنك أن تستمع إلى صوت تحطيم فؤادها، أه من ذلك السؤال الذي يؤرق نوم المرء، أه و أه من تحطيم أحلامًا كانت لنا حياة.

قاطع صمتها كلمات ذلك الشخص الذي يجلس في المقعد المجاور و هو يقول: مش لازم تتأقلمي لما بنعدي بطريق صعب مش لازم نفضل ساكتين و نقول إن كله بيعدي بيه، أنتِ ليكِ الحق في إنك تعبري عن رفضك لده و تقولي إنك مش راضية و ده مش معناه إنك تعترضي على

قضاء ربنا بس لنفسك عليكِ حق هي ليها حق تشتكي و تكون حاسة بالحزن، بس أنتِ ممكن تحققي أحلامك بطريقة مختلفة.

أجابت بصوت متحشرج:

إزاي؟

=مش هقولك انسي و ابدأي من جديد خيبة الثانوية العامة مبتتنسيش، أنتِ مش هتحققي حلمك لكن أنتِ ممكن تختاري أحلام جديدة، الأحلام اللي اتكسرت هي ركام ممكن نعمل منه أحلام جديدة، أنتِ كان نفسك تدخلي حاسبات دلوقتي في كورسات كتير ممكن تاخديها و تعلمك نفس المجال و تكون بشهادة معتمدة، و كمان ممكن تطوري نفسك في مجالك و تساعدي طلاب إنها تحقق حلمها و تدخل الكلية اللي نفسهم فيها و كده بدل ما كان هيبقى معاكِ شهادة واحدة بقى معاكِ شهادتين بمجالين مختلفين.

تدخلت إسراء معهم في الحديث قائلة:عندك حق مينفعش نخلي العثرات اللي بتقابلنا في الطريق تعطلنا، أنت ليك الحق في إنك تنهار بس مينفعش تضيع عمرك في حزن مش هيفيدك ولا هيصلح اللي باظ بالمناسبة هو أنت اسمك أي؟

=عبدالرحمن

عدل الدكتور نظارته في هدوء و قال: احكيلنا أنت هنا ليه يا عبد الرحمن؟

□بكل بساطة أنا تايه و مش عارف طريقي، بحاول و بسعى عشان أبسط و اتفه الأسباب لكن أي اللي بكسبه ولا حاجة، ساعات مش بييجى في بالي جملة غير "حتى الأشياء العادية تستحيل حين أريدها"

حاسس إني دايمًا في معارك مش بتاعتي و تحديات و كل ده في سبيل أي؟ إني منهارش ما هو الراجل مبيعيطش أظن اللي قال الجملة دي ماكنش متخيل إنه كده هيربى جيل عنده كتمان مزمن.

أجابه الدكتور و هو يسجل ملاحظاته:

مش ممكن تكون أنت بتحاول في طريق غلط؟

:كل الطرق غلط؟ شغل، دراسة، حياة، حب، أهل، إحساس التوهان ده مرهق جدًا تخيل أنت بتفضل تجري في طريق طويل و أنت أصلًا مش عارف نهايته أي، يا ترى لما توصل هتحس بلذة الوصول ولا مش هتحس بالمتعة عشان هتكون طاقتك خلصت؟ لا و المشكلة بقا لو وصلت و

اكتشفت إن الطريق كان غلط فكل مجهودك ده ضاع على الفاضي، أنا بحاول في طريق راسمه ليا المجتمع اللي حواليا، لكن أنا مش عارف أنا عاوز أي، و ده سؤال كفيل يرجع الواحد لنقطة الصفر تاني

:طيب ما قبل ما تختار الطريق اكتشف أنت عاوز أي بدل ما بتضيع مجهودك على اكتشاف الطريق

=إزاي أعرف أنا عاوز أي؟

:حدد أنت بتحب أي؟ أي الحاجة اللي مش بتهمك إنك تدفع فيها فلوس؟ أي الموهبة اللي شايف نفسك شاطر فيها؟ الرسم مثلًا، أو التسويق، الجرافيك ديزاين، الكتابة في مواهب كتير

=مش عارف

:فكر أي الحاجة اللي كنت بتحب تعملها أنت و صغير أو أي الشغل اللي نفسك تجربه؟ أي الحاجة اللي بترتاح و أنت بتعملها؟

=قراءة الكتب بالنسبالي زي الأكسجين مش برتاح غير في وجودها هي الحاجة الوحيدة اللي بتفصلني عن الواقع اما حد بيشوف تعلقي بالكتب بيقول إني مجنون، لكن أنا واقعي مختلف شويه عن واقعكم عشان أنا بحب الكتب.

:كويس أنت ممكن تشتغل في مكتبة أو تفتح مكتبة خاصة بيك و كده تكون جمعت الحاجة اللي بتحبها مع شغلك، أنت مش محتاج محاولات كتير أنت محتاج تفهم أنت بتحب أي و تعمله...

قاطع كلماتها ذلك الشخص الصامت من بداية الجلسة و يراقب كل ما حوله: مش دايمًا بنعرف نعمل اللي بنحبه يمكن الفترة اللي بنحس بيها بالتوهان صعبة بالرغم إن إحنا مرينا بالأسوأ بس المشكلة إن إحنا بنكون في صراع نفسي، الإنسان بيكون عايش في وهم المقربين منه و مع أول فشل ليه في اختياره الكل بينسحب من حواليه و بيقولوله مش ده اختيارك أنت؟ استحمل نتايجه.

صمت قليلًا لتجيبه: متخافش تخسر الناس عشان أنت ممكن تخسر نفسك في محاولة فاشلة ليك إنك تكسب وجودهم لازم تختار الأشخاص الداعمة ليك و تحطها في المقدمة عشان تسمع كلامها الإيجابي قبل ما تقرر إنهم وهم، دور كويس في اللي حواليك على حد يكون حقيقي و على فكرة من خطوات التعافي ساعات بتكون إنك تقرب من صديق يكون فاهم أنت بتمر بأي، ممكن يكون معندهوش حلول لمشاكلك لكن وجوده جمبك و تشجيعه ليك و إنه يسمعك بيهون عليك مشقة الطريق فاهمني يا...

=زياد، اسمى زياد

:فاهمني يا زياد؟

=أيوه لكن مش دايمًا الإنسان بيكون ليه أصدقاء أنا حد سهل التخلي عنه، عابر في حياة الكل مجرد فترة مش حلم لحد سهل جدًا إنك تنساني.

أجابته نافية كلماته: مافيش إنسان كده، الإنسان أثر حتى لو عابر في حياة أي شخص هتدخلها هتسيب أثر في حياته سواء حلو أو وحش.

أجابها و هو يؤمئ لها بالإيجاب:

أنا فاهم ده، عارف كويس إن التجارب الصعبة مش معناها نهاية العالم، و إن الحياة لسه فيها طرق كتير مجربنهاش و أكيد التجربة هتفيدنا مهما كانت حزينة أو قاسية لكن كل الفكرة إن الإنسان بيتوجع من الدروس اللي بياخدها بيدفع تمنها وجع لقلبه.

:عشان كده أنت محتاج تفهم إن الإنسان بيحتاج من وقت للتاني فترة هدوء بعيد عن كل الدوشة اللي ممكن تكون في حياته، فترة

متتكلمش مع حد و تسطح كل علاقاتك هدنة مع العالم الخارجي لغاية ما دماغك تستوعب إن كل الضغط ده هيعدي و هنتجاوزه زي غيره.

تدخل الدكتور في الكلام قائلًا: مش دايمًا بنعرف نتجاوز التجاوز رفاهية مش بنمتلكها في أغلب الأوقات.

نظر إلى ذلك الجالس بملل و يرفض المشاركة في الحديث ليحسه على إبداء رأيه قائلًا:

ولا أنت أي رأيك يا مصطفى؟

نظر إليه قليلاً دون أن يبدو عليه الاهتمام و أجابه قائلًا:

الإنسان أوقات كتير عقله بيحبسه في نقطة الصفر مش بيكون قابل لتجاوز كل العثرات اللي بتحصله و بيتحول لأسوأ نسخة من نفسه، بيرفض يتكلم مع اللي حواليه أنا أخدت فترة كبيرة رافض أي صوت بشري جمبي، قاعد في أوضتي دايمًا و مش حابب حد يكلمني و مش بكلم حد مش سامع غير الصوت اللي جوايا.

أجابته باستغراب: ليه بتسميها أسوأ نسخة من نفسك لمجرد إنك رافض وجود الناس حواليك؟ مش ممكن تكون دي نسخة جديدة من نفسك بس أحسن، مش دايمًا وجود الناس حوالينا حاجة داعمة لينا في نوع من الناس متعب قادر إنه يضغطك و يستهلك طاقتك من غير ما يقرب منك حتى مجرد الكلام معاهم بيأذيك أنت مش شخص وحش أنت ببساطة

محتاج فترة تنعزل فيها وتتقبل أخطاءك و تجاربك عشان متكونش أنت كمان شخص مؤذي و تضغط نفسك كده عشان متسمحش لوجود الناس حواليك يبوظ حياتك.

أجابها ساخرًا: متقلقيش أنا اللي مبوظها

ولا أنت ينفع تبوظها لازم تفهم إن دي حياتك و تدرك إن عشان تحقق:

حاجة أنت عاوزها هتضطر تتنازل عن حاجة في المقابل، عاوز شغل و تعمل فلوس؟ اقبل إنك هتخسر حياتك الاجتماعية و وقتك مع أصحابك، عايز تعمل بيت و أسرة؟ يبقى تقبل وجود شخص تاني في حياتك، أنت لازم تهتم بيه، عاوز حاجة يبقى تقبل فكرة إنك هتخسر حاجة قصدها مش هتعرف تكسب كل حاجة لازم ترتب أولوياتك و تشوف أنت عاوز أي معاك و أي اللي مستعد تخسره.

=طيب افرضي بعد السعي ده كله موصلناش؟

أجابته ضاحكة: يبقى اتمشيتي شويه و شوفنا الدنيا بطل نكد بقا.

ارتسمت الضحكة على وجوههم لمزاحها معهم و نقاشها بكل ود في حين أنها نظرت لهم بحب و أكملت حديثها في جدية هذه المرة:

بغض النظر عن العثرات اللي بتواجهنا في الطريق لكن الأهم من إنك توصل للي أنت عاوزه إنك تستمتع بالرحلة و تفاصيلها و تتعلم منها، لكن لو استنيت إنك توصل للي أنت عاوزه عشان تفرح براحتك

هتكتشف إن سعادة الوصول سعادة لحظية، هي بس سعادة في لحظات وصولك لكن بعدين بتكتشف إن خلاص وصلت أنا هعمل أي؟ لأنك ببساطة مش بتكتفي دايمًا عاوز قمة أكبر عشان كده افتكر إن ثانوية عامة، الماجستير، شغل، علاقات وسائل و ليست غايات إحنا هدفنا الجنة كل مرة هنشغل نفسنا بالدنيا هنحس بعدم الرضا و هنتعب نفسنا دي ممكن تكون حاجة غصب عننا بس إحنا محتاجين إننا نفرغ دماغنا من أي ضغط ممكن يتعبنا، و نفكر نفسنا دايمًا أنها ليست دارنا ولا ديارنا عشان كده فكها بقا و متبقاش مكلكع، و اعرف أنت مش محتاج تحفر نفق بمعالق الشوربة و تهرب بره البلد، أنت بس محتاج تتقبل حزنك يا ذوق.

انفلتت ضحكاتهم على طريقتها في اقتباس جمل الكرتون حتى تخرجهم من ما هم بهم، انتهى وقت الجلسة الجماعية خفيف على الجميع رغم ما عانوه في بدايتها وقف الدكتور قائلًا: كده انتهى وقت الجلسة و أشوفكم بعد أسبوعين إن شاء الله.

أثنى الجميع على طريقة إسراء في الحديث و التخفيف عنهم ثم رحلوا الواحد تلو الآخر؛ ليتبقى هي و الدكتور ليوقفها قبل مغادرتها قائلًا: كل مرة بكون فخور إنك طالبة عندي، طريقة مناقشتك مع المرضى و كلامك اللي بيخرجهم من الضغط اللي هما فيه، اتشرفت بوجودك معانا النهارده يا دكتورة

:شكرًا يا دكتور مش عارفه أقولك أي بس كل ده بفضل مجهودك معانا

=الله يحفظك يا بنتي، تقدري تمشي دلوقتي خلاص أول جلسة تمام، إن شاء الله هظبط ميعاد الجلسة اللي جايه و أبلغك

: إن شاء الله.

❖❖❖❖❖❖❖❖❖❖❖❖❖❖❖❖❖❖❖❖❖❖❖❖❖

أي طريق هتمشي فيه هيكون فيه عثرات ده شيء طبيعي، ده حتى الشوارع العادية بيكون فيها مطبات عشان تهدي السرعة، الحياة مش بتمشي دايمًا في طريق سهل و كلنا عارفين ده و جربناه، طبيعي مجهودك يقل مش لأنك مش قادر أو زهقت أو كسلان ده شيء عادي الإنسان شوية طاقة لو خلصوا المجهود اللي بيبذله بيقل، فكرة إنك داخل حرب مش بتاعتك و مهما بتحاول مش عارف توصل هتستهلك منك طاقة و جهد، الإنسان بيستنى إشارة عشان تثبتله إن ده الطريق الصح، إنجاز صغير، تشجيع شخص ليه حاجة بسيطة تفرحه، لكن إنك متلاقيش كل ده طبيعي مجهودك يقل إن إحنا نلاقي حد يشجعنا قدرتنا بتبقى أكبر، بيخلينا عندنا طاقة إن إحنا نكمل الطريق مهما كان صعب، في كرتون ليو كان بيقول "أنا معرفتش أساعدها، فقعدت أسمعها، وده ساعدها" إحنا

محتاجين على الأقل لشخص واحد يستمع لينا بكل حب من غير زهق نحكيله الجزء المخفي من القصة أنا عارفة معنى إن الإنسان يبزل كل جهده و طاقته في طريق لحلمه و يخسره في الآخر بيرجع حاسس إن العالم كله خذله، النتائج مش دايمًا مرضية إحنا محتاجين نفهم إن

الإنسان بعد كل تجربة وجع و يأس محتاج هدوء هدنة مع العالم إنك تختار سلامك النفسي مش أنانية ده حب ليك، أنت

تستاهل تعيش في سلام و لازم تكون فخور بنفسك يا صديقي عشان أنت عمرك ما أخدت حاجة ببلاش، أنت دايمًا بتحاول و مبتستسلمش ولا مرة، بتعافر في كل خطوة مع كل خطوة معافرتك مش شرط تنجح أنت بس محتاج تعرف إن الطريق مش هيكون سهل هيسيب فينا ندوب كتير لكن خليني أسألك إلى متى؟

إلى متى ستظل حزين؟

....

هل حزنك ده هيغير حاجة؟

....

حاول تعرف أي اللي مضايقك و واجهه، من حقك تعترف إنك موجوع و بتتألم و تواجه نفسك بوجعك ده مافيش مشكلة إنك تعيط كمان الوجع النفسي زيه زي أي وجع لازم تعالجه، و عشان تعالجه يبقى تعترف بوجوده و أي سبب الوجع ده؟

افتكر أي أكتر حاجة مضايقاك و بتفكر فيها كتير؟

....

عرفت أي اللي مغير مودك؟ تقبل بقا بداية رحلة التشافي إنك خلاص تتقبل إنك وصلت لنهاية الطريق، مش هي النهاية اللي إحنا بنحلم بيها بس إحنا خلاص وصلنا مافيش طريقة ترجع بيها الزمن تاني، عشان كده حاول تتقبل الحقيقة و أنا بقولك حاول عشان عارفة إن الموضوع صعب و متقاومش اسمح لنفسك بإنك تتحرر منها و بطل تلوم نفسك أنت

مش اللي حصل ليك، أنت الشخص اللي بتختار إنك تكونه، متخليش الظروف تحجمك، في كرتون ليلو و استتش أخت ليلو قالتلها إن إحنا "ساعات بنحاول المستحيل، لكن مبناخدش اللي إحنا عاوزينه" ساعات حاجات لازم تتغير عشان ساعات بيكون ده الأحسن" و ده هو اللي بيحصل معانا إحنا رغم محاولاتنا اللا نهائية ممكن منوصلش للي إحنا عاوزينه، و ده مش معناه فشلنا لا بالعكس محاولاتنا الكتير دي معناها إننا عمرنا ما بنختار الاستسلام و طول ما أنت مستسلمتش يبقى لسه في أمل، أنت مش هتكون دايمًا الأول في السباق أنت مش سوبر مان بطل تضغط نفسك، اخرج من جو الأغاني اللي أنت محبوس فيه و بطل تكرارك إنه "يمكن ده مش مكاني و الزمان ده مش زماني أو أنا موهوم" عشان حتى لو هو مش مكانك فأنت خلاص بقيت فيه إحنا عاملين زي اللي انتقلوا لبيت جديد و البيت مش عاجبهم شكله و ألوانه

و شغالين يشتكوا بدل ما يحاولوا يغيروا التصميم اللي مش حابينه و يحولوا الكابوس اللي محدش اختاره للحلم اللي إحنا عاوزينه، هيكون صعب في البداية و هيشقلب كل اللي إحنا متعودين عليه لكن دور على السعادة في مكانك متبعدش كتير عشان الطرق كتير و الإنسان بيتوه بسهولة و لو معرفتش تغير اللي حواليك حاول تغير نفسك بس بشخصية أحسن مش أوحش و نيجي لسؤال مهم

☐شخصيتك زمان هتكون راضية عن حالك دلوقتي؟

....

لو لا يبقى دي مشكلة، إحنا بنتغير للأحسن مش للأسوأ، أنت مش محتاج تروح أرض الأحلام ولا شلال الفردوس عشان تدور على نفسك و تعرف من أنت أو من تكون؟ نحن أحلامنا و شغفنا و كل ما نحب، لازم تكون قوي و تقاوم و تحاول إحنا في مكان بيقتل الضعيف رغم إننا في القرن الواحد و العشرين إلا إن قانون الغابة لسه مسيطر على الإنسان عشان كده اتأكد إن دي حياتك أنت عيشها زي ما بتحب، طالما متأكد إنك بتعمل الصح و متدورش على قيمتك في عيون الناس

كفاية إنك تكون عارف قيمتك في عيون نفسك و اتأكد إنه مش مهم إزاي الناس شيفاك المهم إزاي أنت بتشوف نفسك؟ لو الناس كلها بتقول إنك شخص ناجح و مافيش منك اتنين بس أنت حاسس بأنك شخص عادي يبقى مش هتقدر تعمل حاجة، و العكس لو أنت شايف نفسك شخص كويس و جميل هتعرف تقاوم و تعدي و تعرف إن أي حاجة هتهون و تعدي مهما كانت صعبة طالما لسه عايشين يبقى هنحاول تاني و تالت و مليون، عشان كده حاول تشوف مكانك الصح و تخرج من إحساس التوهه، شوف شغفك و امشي وراه،اعترفت باللي واجعك و تقبلت الوجع ده و بطلت تلوم نفسك و اللي سببلك الوجع ده دلوقتي اتحمل مسئولية علاجك؟ لازم تعرف إن اللي اتسبب في الوجع ده عمره ما هيحاول إنه يصلحه عشان هو لو خايف عليك من الأول يا صديقي مش هيأذيك عشان كده أنت المسؤول أمام نفسك إنك تاخد بالك منها لغاية ما ترجع زي الأول و أحسن، و حتى لو مرجعتش أنت مسؤول إنك تتجاوز و تطلع من دور الضحية و تبطل تجلد في ذاتك مش بقولك متزعلش لا ازعل و عيط و اصرخ كمان لو ده اللي هيريحك و يطلع كل الطاقة السلبية اللي جواك، لكن مش تعيش العمر كله في الحالة دي مينفعش،

أصل أي السبب اللي يستاهل إنك تزعل عليه العمر كله؟ أي السبب اللى تخليه يستهلك طاقتك و تفكيرك؟

....

مافيش سبب أنت أجمل من أن عمرك يضيع في الحزن يا صديقي عشان كده تقبل ذاتك بكل عيوبها و مميزاتها وتصالح معاها و كمان كافئها

=أكافئها؟! و دي أعملها إزاي أجبلها مصاصة و بنبوني زي العيال؟

أيوه يا صديقي خليك صديق نفسك و اتعلم تكافئها، عديت يوم صعب مش قادر تكمله اوعد نفسك إن لما تخلص اليوم هتشرب عصير بتحبه، فضلت حزين و نكدت عليها كافئها و انزل اتمشى، قابل أصحابك أو حتى كلمهم في التليفون شوف أي أكتر حاجة بتحبها و اعملها عشان تكافئها على كل الصعب اللي بنعدي بيه

=كافئنها كده، كل حاجة هتبقى أحسن يعني

مش هتبقى أحسن بالطريقة اللي أنت متخيلها الجو مش هيبقى بديع ولا الدنيا ربيع ولا هتتقفل كل المواضيع، لكن تخيل معايا إنك دلوقتي اعترفت باللي مضايقك و طلعته و تقبلته و بطلت تلوم نفسك و تجلدها بالعكس أنت بتجبلها حاجة حلوة أنت بتحبها لما تكون مضايق فهي هتلاقي سبب تنكد ليه؟ مافيش، حتى لو فيه فرغ طاقتك و متعملش جواك تراكمات.

☐أي اللي مضايقك دلوقتي؟

....

☐أي الحاجة اللي شايف إنها صعبة و عديت بيها الأسبوع ده؟

....

☐بتواجه العثرات اللي بتقابلك إزاي؟

....

=ده سؤال يا ملك أكيد يعني بالنوم الإنسان بيتعافى بالنوم،

نوم أي بس يا عم الجامد أكيد مش كل كتب علم النفس دي عشان تقولي بيتعافى المرء بالنوم، يا صديقى ده أنت بس اللي هتدخل في غيبوبة، اصحى يا شلبي إحنا بنضيع، الطريق للتعافي بيبدأ من اللحظة اللي بتبطل فيها إنك تمثل إن كل حاجة تمام و تستوعب إن التعافي رحلة في حياتك مش مجرد فترة و هتعدي أنت زي المولود الجديد، و المولود مش بيكون عارف حاجة و بيتعلم بالتجارب فأنت لازم تدرك إن لسه في طريق هتقع و تقوم فيه و تكمل عشان توصل دلوقتي خليني أقولك أنت عاوز تتعافى من أي؟

....

عادي إنك تكون مش عارف الإجابة ده شيء طبيعي، بس حاول تفكر حتى لو هتكتب كلمات عشوائية.

هل أنت جاهز للمواجهة لوجع عشان تتعافى؟

....

☐أي المشاعر اللي مسيطرة عليك من الموضوع اللي عاوز تتعافى منه؟ حزن؟ قلق؟ غضب؟ حيرة؟

....

☐أي مصدر ألمك و سببه و بدأ إزاي؟

....

☐امتى آخر مرة كنت حاسس إنك كويس؟

....

☐إزاي غيرك الألم؟ و أي اللي وصلتله؟

....

أنت شايف إن دي الحياة اللي أنت عايزها؟ ولا عاوز تغيرها؟ و لو عاوز تغيرها أنت عملت أي عشان تغير الوضع ده؟

....

الفصل السابع

أنا و أنت من نكون؟ من نحن؟

أسود و أبيض، غيوم و دخان، ألم و أمل، أيهما أنا؟! أيهما ذاتي؟! من نكون حقًا؟! الخير أم الشر؟ الرفيق أم العدو؟ أصاب بالضياع في سراديب روحي وأنا أبحث عن ذاتي ترى من أكون؟! هل أنا ذلك المسخ الذي يقتل جميع من حوله بدم بارد؟ أم تلك الفراشة التي لا تحمل للحياة عبئًا؟

فلنكشف أوراق اللعب ونبحث في ذواتنا عن أنفسنا كيف يمكننا الحلم بالنجاح في الحياة إذا لم نعرف من نكون؟ لم نعرف من نحن؟ ما هي مهاراتنا؟ قدراتنا؟ علينا بكل بساطة أن نعرف من نكون؟ أن نخبر العالم أننا هنا نعلن أنفسنا، نجبرهم على النظر إلينا و الاعتراف بوجودنا، ليس علينا السير في ذلك الطريق الذي اختاره المجتمع، علينا الانطلاق و التجرؤ وصنع الطريق، والمحاولة حتى و إن كان الفشل هو نصيبنا يكفي أننا حاولنا، أننا خرجنا من صندوق التشابه و مشينا في طرقات أنفسنا و بالسير في داخلنا أكثر و أكثر سوف يزول الضباب ويختفي الغموض.

استيقظت بعد رحيل آسر و بدأت بترتيب المنزل في همة و نشاط قبل أن تأتي صديقتها أنهت كل شيء بسرعة ثم بدأت في تحضير المخبوزات المفضلة لها، دقائق و رائحة المخبوزات احتلت المنزل و لاكتمال الجمال كان صوت القرآن يضج في كل ركن من أركان البيت، كم تحب تلك الأجواء و تشعر أن والديها مازالا في المنزل الذكريات تعاد المنزل

شاهد على كل ما مرت به و هما معها ابتلعتها تلك الذكرى التي لا يمكنها نسيانها.

"صوت خطوات والدها تقترب من المطبخ تحفظها ظهرًا عن قلب، استدارت لتجده قد توقف أمام المطبخ و هو ينظر لها بابتسام و هو يقول: ورثتي كل حاجة عن أمك صحيح الحلو للحلو ريحة المخبوزات كالعادة جميلة.

أجابته و هي تكمل ما تفعله و صوت المنشاوي يخطف القلب: عادة ماما كل جمعة بتقولي إنها اتعلمتها منك.

ابتسم ضاحكًا على تفكيرها بأيام بداية حياتهم الزوجية عندما أخبرها بأنه يحب الاستماع لصوت المنشاوي

فأصبحت عادتها هي أيضًا.

قاطع تفكيره كلمات إسراء: عارف يا بابا أنا عاوزه واحد يحبني زي ما أنت بتحب ماما مش هقبل بأقل من كده.

أتت والدتها لتخبرها:

والله يا بنتى كان على عيني و كان على رمشي بس أبوكِ مافيش منه اثنين فمش هتلاقي

نظرت لها باحباط: ليه الاحباط ده بس يا ماما؟

لتضحك على ملامح وجهها الطفولية و هي تجيبها:

يعني أكذب عليكِ يا قلب ماما؟

لتقوم باحتضان والدها و هي تقول: لا يا ماما يا حبيبتي متكذبيش بس أنا كده هفضل مع بابا العمر كله

ليجيبها والدها هذه المرة و هو يشدد على ضمها:

على قلبي زي العسل يا عيون بابا، بنتي صبية الكل يتمناها و لو عندها تمانين سنة"

تكاد تقسم أنها تستمع لصوت ضحكاتهم،

الأن هربت دمعة من عينها لتحرقها بمرارة الحقيقة إنهم رحلوا و لن يعودوا، صدح صوت جرس الباب ليعلن عن وصول رواء لتفيق من دوامة الحزن التي ابتلعتها و تذهب لفتح الباب و كانت رواء كما خمنت دخلت رواء سريعًا و كعادتها كانت تعلم البيت جيدًا، و تتعامل أنه منزلها الثاني تمددت على الأريكة و هي تصيح:

يا شبابي اللي راح هدر ااه إنتوا الدور الخامس عندكم بعيد كده ليييه؟

ضحكت على صياحها المتكرر في كل مرة تأتى لها و هي تقول: يا بنتي بقا ارحمي نفسك و اركبي الأسانسير هترتاحي و تريحيني من صياح كل مرة.

لتجيبها ساخطة: ما أنتِ عارفة إني بخاف منه

صدحت ضحكات إسراء و هي تقول: فاكره أول مرة ركبتيه معايا؟ و مش كنتِ قيلالي إنك بتخافي منه؟

لتضحك هي الأخرى على ذلك الموقف: فاكره يا ختي كنت مكسوفة أقولك إني بخاف منه، و ركبت معاكِ و ياريتني ما ركبت،

علا صوت ضحكات إسراء و هي تكمل:

ساعاتها حصل عطل في الكهربا و الأسانسير

وقف و أنتِ أصلًا كنتِ ماسكة فيا جامد و أول ما وقف و استوعبتي إن النور قطع فضلتي صراخ، العمارة كلها اتلمت علينا

ظلا يتمازحان قليلًا ثم ذهبا إلى المطبخ حتى تخرج اسراء المخبوزات من الفرن كانت الرائحة جميلة و دافئة لتقول رواء: عارفة ناقص أي؟

:قولي يا فيلسوفة عصرك ناقص أي؟

=شاي بلبن و ناخدهم و نقعد في البلكونة بتاعتك و نبص للبحر.

عندك حق هبعت للواد آسر يشتري لبن هو و جاي و المخبوزات تكون بردت

=هو ده الكلام الصح

أمسكت الهاتف و أرسلت لآسر ما تريد، و قبل أن تغلق الهاتف وصلها إشعار بوصول رسائل جديدة إلى "غيث" فتحت المدونة لتقرأ الرسائل

"هو إزاي الإنسان يعرف شغفه؟ هو أي الشغف؟!"

أغلقت الهاتف و قررت أنها سوف تجيب لاحقًا.

=إسراء.. إسرااء.. إسراااااء

:أي يا بنتي طبلة ودني اتخرمت أنا معاكِ

=معايا أي بس ده أنا ليا ساعة بنادي عليكِ مالك؟

:ولا حاجة كنت بفكر إزاي الإنسان ممكن يعرف شغفه؟

=هو ده سؤال ما هو عادي كل واحد بيكون عارف إن ليه قيمة و دور مهم في حياته.

مش دايمًا الإنسان بيبقى عارف هو أي دوره في الحياة هو موجود هنا عشان يعمل أي؟

=عندك حق الإنسان ساعات كتير بيعدي بفترة توهان و لخبطة و بيكون متشتت

:هو ده اللي أقصده إزاي إنسان ممكن يخرج من الفترة دي و يعرف هو أي شغفه؟

نظرت لها بحيره قليلًا لتجيبها: مش عارفه بس أنا فاكره إني لما دخلت في الفترة دي كان كله بيفضل يقول صلي و قربي من ربنا و أنتِ ترجعي أحسن من الأول و اللي كان يقولي اخرجي و روحي أماكن جديدة، و ناس قالتلي قصي شعرك و اصبغيه لون جديد كتغيير، بس أنا شايف إن كل دول بيكون تأثيرهم سعادة لحظية لكن أنا كنت محتاجة حاجة تغيير مود حياتي كلها

:عملتي أي عشان توصلي للحاجة دي؟

=كنت بشوف هو أنا بحب أي و بعمله أي الحاجات اللى عاوزه أجربها، كنت عاوزه أعرف أنا مين؟

قاطع حديثهم صوت الباب يفتح كان آسر قد وصل و كعادته لا يأت بهدوء أبدًا كان يصيح مناديًا: سوسو يا سووسووو يا بت يا سوسو

خرجت من غرفتها و هي تنظر له بعصبية ليتجاهلها كعادته و يقول: جبتلك اللبن اللي أنتِ عاوزاه عشان تعرفي إنك من غيري ولا حاجة بس يا سوسو

:عارف يا آسر يا حبيبي كل حاجة بتكون تمام لغاية ما تقولي يا سوسو بكون عاوزه أجيبك من شعرك.

نظر لها بطرف عينه و هو يقول: طيب بس يا شبر و نص اتكلمي على قدك

:ياض هزعلك بقا

خرجت رواء من الغرفة لتوقفهم بعصبية: كفاية انتوا الاتنين هو انتوا أي مش هتكبروا أبدًا؟

توقف الاثنان عن الشجار و ألقى آسر التحية على رواء:

عاملة أي يا رواء مش بقيتي تييجي؟

=مشغولة والله يا آسر وأختك كمان بتمارس علينا مهنتها

□ليه مالها ست إسراء؟

=لسه من شويه كانت بتقولي الإنسان يعرف شغفه إزاي؟ و يعرف هو مين و كلام كبير.

ابتسم ضاحكًا و هو يحرك يديه على الترابيزة لتصدر صوت يشبه الطبلة و هو يغني:

أنا مين.. أنا مين.. أنا مين

أنا اللي كلي جروح ومن الزمن مجروح،

أنا الزمان هدني ولا حد بيودني،

ولما أقول آآآه في ناس تقول الله،

أنا مين .. أنا مين .. أنا مين

لتكمل إسراء في غناء: أنا اللي تايه، أنا ويوم عذابي بسنة

لتنظر لهم رواء بصدمة و زهول:

تصدقوا انتوا عيال تافهه

لتضحك إسراء و تجيبها: شكرًا

=لا بتكلم جد انتوا عيال تافهه غيرتوا الموضوع خالص

□عادي يعني إسراء هتكون عارفه إزاي الإنسان بيعرف شغفه، و بيعرف هو مين و هتشرحلنا دلوقتي بطريقتها.

نظرت لها لتقول بضحك: احكي يا شهرزاد

ابتسمت لهم لتبدأ في كلامها: عادي يعني عشان تعرف شغفك لازم تفهم أنت بتحب أي؟ و بتكره أي؟ و عاوز أي؟ أي هي نقاط قوتك؟ يعني مثلاً أنتِ يا رواء بتحبي الحياة الروتينية شويه بترتاحي و أنتِ بتشتغلي في مكتب، في شركه لكن لو مثلًا قولتلك إني عوزاكِ تشتغلي معايا في

مجال الطب النفسي و علم النفس مش هترتاحي عشان أنتِ مش متعودة على الحوار ده، مش من نقاط قوتك و مش هتعرفي تتصرفي بعكس لو سبتك في مكان فيه كمبيوتر بتعرفي تشتغلي في البرمجيات كويس و لو أخدتي كورسات فيها هتحبي تكوني قاعدة وسط ناس بتحب نفس اهتماماتك عشان كده لازم نفهم أي الحاجات اللي محتاجينها و ندور عليها مثلًا أسر بيحب الكورة فمينفعش أقوله تعالى العب التنس دي مختلفة عن دي إحنا بنبدع في المهارة اللي بنحبها أنا بحب أعمل مخبوزات و شاطره فيها لكن مش دايمًا بعرف أطبخ و أعمل أكلات هتلاقيني أعرف معلومات كتير عن علم النفس لكن اسألني في الرياضة مش هعرف أديك أي معلومة.

قال آسر: يعني كده الواحد مش هيعرف يشتغل غير الحاجة اللي بيحبها

نفت حديثه مسرعة: لا مين قال كده هشتغل عادي لكن هيكون عندك شعور أنا مش مرتاح المكان ده مش مكاني يعني أنت ممكن تتعلم تلعب تنس بس هتفضل بتحب الكورة دي مهارة، و دي مهارة مختلفة لازم نعرف إحنا أي اللي موهوبين فيه أكتر و هنعرف نبدع فيه يعني رواء هي ممكن تتعلم عن علم النفس و تشتغل فيه بس هيستهلك منها طاقة و وقت عشان مش متعودة عليه و هتفضل بترتاح للبرمجة عشان مش بتستهلك طاقتها فيه حتى لو متعبة هي شايفه إن تعب البرمجة راحة في حين إن ممكن تجرب حاجة جديدة فيها نفس القيم اللي بتحتاجها في شغلها يعني رواء بتحب شغلها ليه؟

=عشان أنا بعرف أتعامل مع الكمبيوتر و بحب الوجود في المكتب و ماليش في الحركة كتير فده مناسب معايا.

:دلوقتي دي القيم اللي شايفه إنها مناسبة لشغلك لو حاولنا إن إحنا نلاقي شغل تاني مناسب ليكِ لازم يكون فيه الحاجات دي فأظن إنك لو عاوزه تجربي شغل المحاسبة هيبقى كويس عشان هيكون فيه أغلب القيم اللي أنتِ محتاجاها في شغلك زي إنه هيكون على كمبيوتر و في مكتب و مش فيه حركة كتير لكن لو دورنا على شغل زي التصوير

مثلًا فهي هتضطر تتحرك كتير و تشتغل على كاميرا بدل كومبيوتر فأنتِ بتغيري كل حاجة متعودة عليها عشان كده ممكن الشغل الجديد بالنسبالك يكون غير مريح،

تدخلت رواء في الحديث قائلة: فهمتك إحنا بيكون عندنا حماس للحاجة اللي بنحبها اللي بنلاقي نفسنا فيها حتى لو غيرنا شايف إنها مش أحسن حاجة موهبتنا و تقبلنا للحاجة دي بيخلينا نبدع فيها.

:صح هو ده اللي أقصده

نظر آسر لرواء ليقول: مش قولتلك إن هي هتعرف توصلنا المعلومة بسرعة

لتضحك رواء: عندك حق

ابتسم لهما و هو يقول: يلا إنتوا الاتنين على المطبخ واحدة تعمل شاي بلبن و واحدة تجهز المخبوزات كفايه رغي.

ذهبا الاثنان و هما يمزحان معًا لتحضير جلستهم المفضلة.

❖❖❖❖❖❖❖❖❖❖❖❖❖❖❖❖❖❖❖❖❖❖❖

هو أي الشغف ده؟ أنا مش فاهم أعمل أي؟! أنا معنديش طاقة أعمل أي حاجة و فاقد الشعف،

عشان تعرف أي شغفك لازم تعرف قيمتك و تفهم هي أي مهارتك؟ و أي اهتماماتك في الحياة؟

يعني أي شغف؟ الشغف إنك تحس بمتعة الحاجة اللي بتعملها و كأن الحاجة دي جزء منك إنك متحسش بالتعب مهما كانت صعبة عشان شايف إن دي سبب وجودك في الحياة.

أي إنسان عنده مواهب مختلفة في ناس عشان تخرج المواهب دي بتعتمد على شغفها لو الشغف ده مش موجود لكن لو دخلت في حالة فقدان الشغف بتقف و مش بتكمل الطريق اللي أنت فيه الشغف بيحرك موهبتك على حسب هو موجود ولا مات بقا عندك لكن أنت لو اعتمدت على الشغف بس يبقى هتاخد خطوة في الشهر عشان أنت يا عزيزي فاقد الشغف دايمًا فكر كده أنت امتى آخر مرة كان عندك حماس تجرب حاجة جديدة؟ مش هتفتكر أنت في روتين ممل شغفك بيموت بسببه عشان كده لازم يكون عندك خطة عشان توصل لهدفك خطوة صغيرة

كل يوم أحسن من خطوة كبيرة في السنة عشان أنت مش هيكون عندك طاقة أصلًا تعمل خطوة كبيرة عشان كده اتأكد إن اللي مش هتعرف تحققه بسرعة أرنب ممكن تحقيقه بسرعة سلحفاه عادي لكن ده مش معناه إنك تفضل في مكانك و تقول إنك مش هتعرف و لما يكون عندك استعداد هتاخد خطوة بطل تكرار إنك مش هتقدر و كمل الطريق لأن ببساطة المنتصف متخلقش ليك متخلقش عشان نقف عنده أنا عارفة إن الحياة متعبة و إن الهزايم كتير لكن وقوفك في مكانك ده أكيد مش هيوصلك لمكان عشان كده أقبل بأي وسيلة للتقدم و بطل تحل فقدان الشغف بالاستهلاك.

أنا معايا يا صديقي واحده صحبتي محور حياتها فقدان الشغف أنا عندي فضول أعرف هي امتى بتلحق تكتسبه عشان تفقده كل ما أكلمها بتقولي أنا فقدت الشغف مرة واحده تعتزل الناس و تعمل بلوكات للكل و لو كلمتها تقولي فقدت الشغف و مش عندي طاقة أعمل حاجة و تقعد شهر في الحالة دي و تفتح أسبوعين هي فاتحة لكن مش عندها شغف تكلم حد، الإنسان طبيعي يفقد الشغف شويه أو فترة ممكن تكون كبيرة نوعًا ما لكن مش كل حياته مينفعش ممكن يفقد تركيزه و

يشعر أن في عوائق كتير في طريقه بتمنعه إنه يكمل اللي بيعمله إنه يبدأ في حاجة جديدة و طاقته تقل تدريجيًّا و تختفي و لما ييجي يحله يستهلك مش ينتج يعني يروح يحضر فيلم أو ياكل وجبة بيحبها بدل ما يقرر إنه يخرج من أوضته و يخلص اللي وراه ينتج حاجات جديدة زي إنك تحاول تبني عادة جديدة عادي ممكن تحس بتقلبات في حياتك و مش هتتعود عليها بسرعة ممكن تاخد فترة استراحة لكن اتأكد إنها هتكون فترة قليلة و هترجع و تكمل كل حاجة أنت بتفضل تدور على دوبامين طول الوقت هو ده الهرمون المسؤول عن الشغف لكن الدوبامين بييجي في الآخر لما تنجز حاجة جديدة مش في الأول عشان كده لازم تعرف أنت بتحب أي؟! أي هي نقاط قوتك؟ أي الحاجة اللي بتكون مرتاح و أنت بتعملها رغم إن غيرك ممكن يشوفها حاجة مملة أو متعبة، أي الحاجة اللي بتكون مبسوط و أنت بتعملها و لو كنت مضايق و عملتها بتظبطلك مودك؟

خليني أبدأ أنا و أشرحلك أنا مثلًا الحاجة اللي ممكن تكون متعبة لكن تعبها بيهون لما بشوف نتيجتها بتكون في شغلي أي حاجة هاند ميد بجرب أعملها مهما كانت صعبة و متعبة أنا بكون فرحانة أنا و

بجربها بنتيجتها رغم إن ساعات كتير بتبقى نتيجة مأساوية و مش بتظبط لكن كفايه إني باخد خطوة و بجرب.

خلينا نكتشف شغفك يا صديقي

☐أي الحاجة اللي نفسك إنك تجربها؟

....

☐أي الحاجة اللى لو عملتها بتخلي عندك مشاعر كويسة و فرحان؟

....

☐أي الشغل اللي عاوز تشتغله؟

....

☐أي الحاجة اللي هتعملها لو ضامن إنك هتنجح فيها؟

....

☐لو هتغير التخصص أو الشغل اللي أنت فيه حابب يكون أي؟

....

☐ أي الحاجة اللي بيمدحوكِ عليها اللي حواليك؟

....

أي اللي بتعمله و شايف إنه سهل و غيرك شايفه صعب؟

....

عرفت أي هي الحاجة اللي بتتميز بيها عن غيرك و هي نقطة قوة ليك و بتديك طاقة تكمل دلوقتي تقدر تطورها و ممكن تجرب مهارات جديدة و تكتشف إنها مناسبة ليك، التجربة بتخليك تكتشف خبايا نفسك عشان كده متزهقش من التجربة حتى لو فشلت رحلة اكتشافنا لنفسنا ممكن تكون طويلة شويه و متعبة عشان دي عملية مش بتيجي من كلمتين هنقرأهم دي حاجة محتاجة مننا وقت و مجهود عشان كده يا صديقي، خصص وقت تعمل فيه الحاجة اللي شايف إنك مميز فيها و طور منها و أقعد مع نفسك من غير دوشة و حط خط تحت كلمة مع نفسك مش تفضل لوحدك و تفتح سوشيال السوشيال ميديا ليها تأثير عليك و بتضيع الوقت فكده مش هتكون بعيد عن الدوشة برضو أنت محتاج تفضل لوحدك و ترتب أفكارك و تجرب حاجات جديدة أنت

مستحيل تبقى موهوب في حاجة و أنت عمرك ما جربتها مش هتعرف ترسم من غير ما تمسك القلم و الألوان و تبدأ تشخبط على الورق ترسم خطوط أولية مرة في التانية هتتعلم عشان كده، شوف حاجة عاوز تجربها و ابدأ من دلوقتي و اتعلم خطوة ورى التانية هتتعلم أكتر مافيش عصاية سحرية هتخليك تتعلم و تعرف شغفك عشان كده جرب من التجربة هتعرف قدراتك و هتعرف أنت موهوب في اي دلوقتي خليني أعرف

أنت عاوز تجرب أي؟

....

التجربة ممكن تخليك تكتشف إن شغفك حاجة جديدة أنت لسه ما عرفتهاش أو ممكن تكون حاجة أنت متعود تعملها و مستبعد إنها تكون شغفك.

الفصل الثامن

❖لنحتفل بالإنجازات الصغيرة أيضًا❖

يتحدث الجميع عن إنجازاته المبهرة في حين أنك تظن إنك بلا إنجاز لكن دعني اذكرك بالقليل و لنحتفل بمحاولاتنا التي لا يعلم عنها أحد لنحتفل بصمودنا وتجاوز ذلك الطريق الوعر لنحتفل بكوننا نحن الصامدون رغم الآم الفؤاد، لنحتفل فقط نحتفل باستمرارنا في مواجهة هذا الواقع المريض لنكون فخورين بأنفسنا، اليوم أترك العالم ليرثي حاله و أجلس في ركن غرفتك المحبب مع مشروبك المفضل، و فى يدك كتابك المقرب إلى قلبك و افتخر وتفاخر بكونك(أنت) الصامد في وجه عثرات لا يعلم عنها أحد لنتقبل اليوم كل شيء و أي شيء بصدر رحب عائلاتنا و كلياتنا و أحلامنا المحطمة و حياتنا الضائعة لنتقبلها و نحتفل بإكمالنا طريق لم يكن يومًا ضمن خريطة أحلامنا لنصرخ في وجه العالم بأنه كفى و فقط كفى لا نريد المزيد من الثرثرة التي لا نحب اليوم نهدي لأنفسنا كل ما نحب اليوم نحتفل بإنجازاتنا الصغيرة التي لا يعلم عنها أحد

❖❖❖❖❖❖❖❖❖❖❖❖❖❖❖❖❖❖❖❖❖

جات باكرًا عن الميعاد اليوم و هذا على غير عادتها كانت تجلس في العيادة تنتظر المرضى تفكر في كل شيء حولها و تغمرها الذكريات حاولت أن تخرج منها بالعب في الهاتف لتفتح تطبيق الفيسبوك و تقلب به لتشاهد المنشورات استوقفها بوست كانت قد شاركته أحد الأصدقاء على صفحتها كتب به "اليوم تجاوزت رحيل صديقي المفضل.. إنجاز

صغير لكنه حزين" ظلت تعيد قراءته مرارًا و تكرارًا بضع كلمات صغيرة؛ لكنها تحتوي من الحزن الكثير قاطع تفكيرها دقات على الباب لتدخل بعدها ريم و هى تحمل في يدها فنجان قهوة وضعت على المكتب و هي تقول =قهوتك زي ما بتحبيها يا دكتورة

ابتسمت لها :تسلم ايدك يا ريم بجد القهوة بتاعتك بتيجي في وقتها و طعمها حلو منك

=يسلم قلبك من كل شر يا دكتورة أهو كلامك دا بيخلي الواحد يحس بالإنجاز مع إنها حاجة بسيطة

:هو فعلًا إنجاز وهي مش حاجة بسيطة؛ الإنجاز إنك تكوني بتعرفِ تعملِ حاجة غيرك مش بيعرف يعملها ده إنجاز ليكِ مش لازم الحاجة دي تكون كبيرة عشان نبصلها و نقول عليها إنجاز أي حاجة لو عرفنا نعملها وهي ممكن تكون صعبة على غيرنا كدا تتحسب لينا انجاز حتى لو كان صغير الإنجازات الصغيرة هي اللي بتصنع الإنجاز الكبير

ابتسمت لها بحب=الله يكرمك يا دكتورة على كلامك اللي بيشجع الواحد ده

:دي حاجة بسيطة الإنجازات كتير بتستنى حد يعملها

نظرت لها باستفهام لتقول=و ده ازي يعني

وضحت لها فى هدوء: الحياة مليانة حاجات بنتعلمها أي حاجة بتساعدك

و بتحسن من سلوك الانسان لو اتعلمها تحتسب إنجاز فتخيلي بقا الحاجات اللي بتستنانا في حياتنا ننجزها زي اننا نتعلم لغة جديدة نتعلم أكله جديدة أو مهارة مش كانت عندك كل دا يحتسب إنجازات حتى لو تأقلمت على وضع صعب أو تجاوزت موت شخص عزيز عليك أو إنك مكمل الرحلة فردية مع إنها ممكن تكون صعبة دى كمان إنجازات هو حزين شويه لكن تحتسب إنجازات و إنجازات كبيرة كمان عشان أما بنوصلها بتستهلك مننا طاقة و جهد كبير

نظرت لها بحزن: لكن دى إنجازات مفيش إنسان بيحب يعملها

ساعات الإنسان بيتجبر عليها الناس فترات في حياتنا مهما كنا قريبين:

من بعض هنوصل للحظة الفراق سواء طريقهم معانا انتهى أو الفراق كان بانتهاء رحلة حياتهم

أجابتها برفض للحقيقة: لو دى كمان تحتسب إنجازات فالواحد مش عاوزها

نظرت لها بحزن: للأسف مش اختيارنا احنا بنتجبر على الفراق سواء بالموت أو بالبعد عن الناس اللي بنحبها

لتنفي كلماتها مسرعة: لكن مفيش حد بيحبك بيختار البعد كل اللي بعدو

مش بيحبونا و طريقهم من الأول مش شبه طريقنا و الموت ده حاجة طبيعة الكل هيموت عشان يروح لسكان أحسن يمكن يلاقي الراحة هناك

بللأسف حتى لو هما مش بيحبونا وجودهم في حياتنا حتى لو فترة قليلة بيأثر فينا و في ناس مش سهل تتجاوز حتى لو الفقد دا كان بالموت ده بيغير ترتيب حياتهم و كل ما كان الشخص أقرب ليك كل ما كان أصعب إنك تتجاوز سواء موته أو رحيله، و مهما فضلت تقول للشخص ده

إن الوقت هيعدي و إن الحياة مش بتقف هيكون حزين عشان اللي بيوجع أكتر من الفراق إن الحياة مكملة و هتمشي عادي محدش بيتأثر غيرك

قالت بحزن: عندك حق لكن اللي ممكن يوجع أكتر من الموت، موت شخص عزيز عليك جواك و هو معاك في نفس المكان بنبقى فاضيين من جوه بنرتجف خوف من الثقة في الأشخاص بعدهم و بنطالب بالأمان لكن بنخاف إنه يكون أمان مزيف زي اللي قبله فنضطر نلجئ للهرب و البعد

لكن الهرب مش حل

=بيكون حل بالنسبة الأشخاص اللي جربت الإحساس ده إن الإنسان يخاف من اليد اللي كانت بتشكل ليه الأمان هتفضل خيبة يشعر الشخص فيها جوه قلبه كل مرة بيقابل الشخص اللي اتسبب فيها

ساعات بيكون الحل أنت تاخد مسافة عشان تستوعب إن ده مجرد شخص بيمثل عليك الحب غير جدير بقلبك و إن قلبك يستاهل كل حاجة حلوة

=بعد ما بتحس بالخذلان حتى دي بتكون مش قادر تفهمها و حاسس إن أنت السبب في كل اللي بيحصل حواليك

: الإنسان وقت حزنه بيكون شخص غير ناضج كل تفكيره إنه يجلد ذاته و يعاقب نفسه على اختياراته الغير مناسبة مع إن دى حاجة عادية احنا اتخلقنا عشان نغلط و نتعلم مفيش شخص مثالي مفيش شخص مش بيغلط

=شعورنا بالذنب و إن احنا السبب بيكون مسيطر علينا للأسف و مش بنكون فاهمين غير إن العقاب ده هو الحل المناسب

قالت بحزن: لكن ده مش حل ربنا بيكشفلك حقيقة اللي حوليك عشان تتعلم و تشوف حقيقة المواقف حتى لو كانت صعبة مفيش حل غير إنك تواجه أنت عايش في متاهة هيفضل فيها طرق كتير مش كل الطرق هتوصلك لهدفك في طرق مش ليك و طرق بتخليك تتعلم حاجات جديدة و طرق بتكتشف فيها حقيقة اللي حولك لو قررت إنك تقف في نص الطريق يبقى حكمة على نفسك بالموت و أنت عايش أنت لسه بتشوف أي طريق هيناسبك لسه بتجرب أنت مش في سباق مفيش حد هيوصل الأول احنا بداياتنا مختلفة مهما ظهر إن طريقنا واحد أنت الشخص الوحيد اللي عارف أنت بذلت مجهود قد أي فأنت الشخص الوحيد اللي هتقدر قيمتك

=لكن الطريق طويل و احنا بنفضل نحاول كتير

محاولاتنا أحسن من اننا نقف في نص الطريق

استمعا إلى صوت يأتي من الخارج ليعلن عن وصول أحد المرضى لتخرج ريم و ينتهي حوارهما اليوم

****

الإنسان بيحب يتكلم عن نفسه عن حياته و تجاربه و إنجازاته خصوصًا إنجازاته هتلاقي أي شخص بينجح في حاجة بيفضل يتكلم عنها مش كل الإنجازات تحتسب إنجازات سعيدة في إنجازات حزينة بنوصل ليها بعد ما بندفع كم هائل من المجهود والطاقة و الصحة النفسية زي تخطي موت شخص عزيز علينا، أو تخطي فراق صديقنا المقرب أو تقبل إن الرحلة فردية، إنجازات مش الكل بيوصلها و مفيش شخص بيختارها الإنسان مش بيكون فاهم ازاي ممكن يودع الحاجات اللي كان دايمًا

بيدعي إنها تفضل معاه؟ ازاي ممكن ننسى الذكريات اللي جمعتنا في كل مكان؟ هتفضل أسئلة لا نهاية ليها جوا دماغنا، و الفقد يا صديقي مش دايمًا بيكون بمعنى الموت أنت ممكن تفقد حاجات كتير، هواية مفضلة كنت بتحب تمارسها فى يوم أو مكان كنت بترتاح فيه أو شغل كان بالنسبة ليك كويس أنت في حاجات كتير في حياتك ممكن تبعد عنها بسبب أو بغيره المشكلة بتكون في إنك مش متوقع إنه هيحصل كدا الفقد بيكون على غفلة منا مفيش إنسان بيتخيل إنه ممكن يبعد عن شخص مقرب ليه بنتجاهل الحقيقة رغم إدراكنا إنها حقيقية هتحصل في يوم من الأيام الفقد شعور مميت فاحنا بتقتلنا الذكريات و بيكون يوم رحيلهم قاسي على قلوبنا و رغم رفضنا للحقيقة دى لكن مفيش مهرب منها عشان دروب الحياة كتير و في طريقنا بنقابل ناس أكتر لكن الموجع أكتر من رحيلهم إن طبيعي متعرفش تنساهم و تفضل تحن لوجودهم المشكلة لو بتحن لشخص اختار إنه يبعد مش المشكلة في مشاعرك عشان مشاعرك شيء عادي و حاجة كويسة عشان تعرف إن حبك ليهم كان حقيقي بعكسهم هما دلوقتي، عشان كدا أما تفكر إنك تحن ليهم تاني فكر نفسك بالوقت اللي اختاروا يبعدوا فيه و أنت كنت محتاج لوجودهم افتكر

كلامهم و وجع قلبك افتكر إن هما لو كانوا حابين يفضلوا كانوا خلقوا مليون سبب زي ما أنت كنت بتدورلهم على مبررات بطل تكون شخصية ثانوية في حياتك أنت صاحب القرار بطل تسمع انتقادات اللي حواليك و ترسم لنفسك شخصية مش حلوة أنت محاولاتك كلها جميلة زيك لكن أنت لازم تتقبل الصورة الأخيرة اللي بينت الشخص ده على حقيقته و متسمعش كلامه إن أنت اللي وحش مش كل الناس كويسة عشان كدا تقبل الواقع و مترسمش صور في خيالك شوف الواقع على حقيقته تقبل إن أنت اتسبت في نص الطريق و إن الطريق طريقك لوحدك و متفضل تسأل نفسك أسئلة تعجيزية مفيش ليها أي إجابة عشان الشخص ده لو كان بيحبك مش كان هيسيبك في دوامة الأسئلة دى و مش هيوصلك للمرحلة دى أنت ممكن تكون شايف إن كل حاجة كانت أحسن في وجودهم حوليك و إنهم أكيد مش كانوا يقصدوا اللي عملوه و إن في أمل إنكم ترجعوا أصحاب تاني أصل زي ما قال مسلم "كل شيء إلا الفراق متسبنيش وأنا مشتاق " لكن خلينا نركن مشاعرنا شويه عشان دا كلام أغاني مش هيعمل حاجه غير إنه يرجعنا ورا و نفكر شويه بعقل و خليني أقولك أنت فاكر إنك لو رجعت تاني كل حاجة هترجع زي الأول جميلة زي البدايات؟ فاكر إن كل حاجة هترجع وردي تاني؟ أنت لو رجعت ليه مش هتتخطى إنه خذلك في يوم من الأيام هيفضل في جزء جواك خايف و حاسس إنه غير أمن اصل هو مش هيعرف يمثل كتير إن هو شخص كويس زي البدايات هيرجع يعاملك تاني بطريقته الغير مبررة عشان كدا يا صديقي خليك فاكر إن اللي يختار البعد لا يؤتمن و عشان اثبتلك ده تعال نحط اختبار صغير ل أقرب شخص ليك شخص هتقرر إنك تختاره كل مرة و قبل ما تجاوب على الأسئلة قولي ازاي عرفت انه بيعمل الحاجات دى اكتب ازاي كان

بيعمل كدا عشان تتأكد إن اجابتك صح و إن ان دى مش تخيلات في دماغك و لو هتكتب يبقى تحكي موقف حسيت فيه بالإحساس ده مش تجاوب و بس عشان تتأكد إن إجابتك حقيقية مش قلبك اللي بيتحكم فيك دلوقتي قولي هل الشخص دا

☐بيقدر حزنك و يحتويك؟

....

☐بيفهمك رغم إن كلامك ممكن يكون غير منطقي و مش مترتب؟

....

☐عنده حسن ظن فيك و مش بيحكم عليك غلط لمجرد انه شاف حاجة أو سمعها حتى؟

....

☐بيدعمك و يديك ثقتك بنفسك في أي خطوة بتاخدها و يقدر قيمتك ؟

....

☐بيستحمل غلطاتك و بيسامحك عليها و يصلحها معاك؟

....

☐ أمان بالنسبة ليك؟

....

☐بيقدر الضغط اللي ممكن تكون فيه؟

....

لو كل اجاباتك أيوه و ليك مواقف كتير بتثبت كلامك فخليني اهنيك إن ده شخص كويس يستحق انه يكون في حياتك لكن لو في أسئلة كانت اجابتها لا أنا بقولك فكر كويس هل الشخص ده يستحق يكون في حياتك؟ ولا علاقتك بيه غير أمنه و أنت بتستهلك كتير من طاقتك في وجوده و بتخسر ناس حوليك ما هو مفيش حد يستاهل إن احنا نضيع طاقتنا معاه و هو مش مقدر قيمتنا أنت لسه معاك وقت تجرب حاجات كتير، و تتعرف على ناس أكتر لكن مفيش وقت إننا نكرر نفس الغلط عشان كدا فكر كويس و اعرف مين هما الناس اللي تخطيهم و خروجهم من حياتك إنجاز ليك و فكر نفسك كل شويه بإنجازاتك حتى لو كانت صغيرة مع إني شايفة إن احنا كل يوم بنعيشه إنجاز إن احنا صمدنا لآخره ف احكيلي يا صديقي إنجازاتك الصغيرة للأسبوع دا

....

الفصل الأخير

❖وإنك جار القلب رغم البعد❖

رغم البعد و ذلك الرحيل الذي بات سببً لحزني في مفارقة ما أحب إلا أنك جار القلب، رفيق الدرب، وحبيب الروح، تقتلني تلك الذكريات كل يوم بدونك، و كل المواجع تهون بوجودك، يغذو السواد جميع دروب حياتي بفراقك كنت و ما زلت الأغلى و الأقرب للقلب لكني أصدم دائمًا بحقيقة رحيلك و بقائي وحيدًا أحارب في معركة خسرت بها جميع أسلحتي، لا أعلم هل أعلن استسلامي أم أن الحياة ستهديني نورًا في آخر النفق؟ و هل يوجد نور بعد رحيلك؟ يستمرون باخباري أن الحياة ستستمر لكن المحزن في الأمر أنها ستستمر بدونك، ستستمر وأنا وحدي أتخبط في متاهات الحياة و لا شيء أشد حزنًا على قلبى من كوني وحيدة.

تلتفح بالسواد كم تكره هذا اللون، دائمًا ما يؤلمها رؤيته خرجت في هدوء عكس طبيعتها الفوضاوية رحلت مبكرًا عن العادة اشترت الورود و ذهبت إلى وجهتها، وقفت أمام المقبرة وضعت الورد و جلست بهدوء هنا دفن كل أحبائها هنا خسرت كل من لامس حبهم قلبها، كم تكره الفقد الرحيل بشتى أنواعه يزعجها، لكنها الحياة و عزائنا الدائم أنها دنيا تجلس بهدوء بعكس تلك الثورة التي تدور في داخلها؛ الذكريات تجتاح مخيلاتها تمر و كأنها شريط سينمائي يعاد كل شيء أمامها من جديد يعيدها إلى نقطة الصفر مرة أخرى

"بابا أنا زعلانة

=حبيبة عيون بابا ايه اللي مزعلها

:مجبتليش حاجة حلوة معاك

=و لو جبتلك أى مكافأتي

ابتسمت ضاحكة: حضن كبير لأحلى بابا في الدنيا

أخرج من جيبه حلوتها المفضلة قائلًا=الحلو للحلو

احتضنته ضاحكة: أنا دايمًا بقول إنك أجدع أب في الدنيا

ابتسم على تصرفاتها الطفولية =و حبيبة بابا أجمل بنت في الدنيا

جات والدتها على كلماته الأخيرة لتقول□ طبعًا من حقك تقول كدا ما أنت مدلعها

أجابها بكل حب =أعيش و أدلعها بعدين يعني هي واخده الجمال ده كله من مين مش منك يا ست الكل أنتِ

احمرت و جنتاها سريعًا في حين إن إسراء انطلقت ضحكاتها قائلة: أنتِ لسه بتغيري يا ست الكل و أنتِ عارفة كويس بابا بيحبك ازاي ده بيحبني عشان أنا شبهك بس"

أغمضت عيناها لتفيض دموعها على ما أصاب قلبها العالم قاسي، الجميع يعلم ذلك لكن كل مرة نخدع منه حين يبتسم لنا قليلًا هكذا هي الحياة يوم معك و الكثير ضدك يمكنها أن تقتل الشخص الطيب

الذي بداخلك في لحظات لهذا علينا الهدوء و توخى الحذر، أن نعلم أنها دنيا ولا حال يدوم مر في ذاكرتها الكثير و الكثير من الذكريات لتثبت لها مرة أخرى أن الذكريات تميت ولا تموت تتذكر يوم نجاحها في السنة الأولى لها في الجامعة و كيف كان والدها دائم الداعم لها

"دخلت المنزل مسرعة كالعادة بصراخاتها المدوية لكن هذه المرة كانت بضوضاء أكبر فاليوم عيد بالنسبة لها أخذت تصرخ مناديه على الجميع
:يا بابااا يا أسر يا ماماااا يا جماعة انتو فين

أقبل الجميع عليها في قلق ليسبقهم أسر في الحديث و هو يبدو عليه علامات النوم =أى في أى البيت بيولع

لتضربه والدته بمزاح□بعد الشر هو أنت صاحي من النوم عاوز تموتنا

ليقول بضجر=آمال أى بس ما دى مش طريقة ناس دى

ليوقفه والده قال بصرامة□ اخرس ياض أما نشوف أختك عاوزة أى

نظر الجميع لها بترقب لتنظر لهم بفرحة قائله بصراخ : أنا نجحت يا جماعه نجحت بتقدير امتياز

أوقفها أسر وهو يصرخ هو الآخر =كفايه بقا طبلة ودني اتخرمت بسببك ياللي منك لله

أبعده والده□ابعد عنها يا زفت حبيبة عيون بابا تعمل اللي عوزاه مبارك يا حبيبتي عقبال تخرجك و افتكر دايمًا إني فخور بيكِ

استمعوا إلى صوت زغروطة من والدتها و تقترب منها و دموع الفرح تملئ عيناها=حبيبة أمها مبارك يا حبيبتى طالعلي ناجحة في أى مجال تدخليه

نظر لهم أسر بسخط□ أنا كنت شاكك إني مش ابنكم دلوقتى بس اتاكدت كل الحب للست إسراء و أنا مليش حضن حتى

نظرت له إسراء بضحك:يا أسر أنت أصلًا حبيب عيوني و حبيب قلبي احتضنته ليهم بمبادلتها العناق و هو يقول

=و أنا كمان بحبك والله مبارك يا بت يا سوسو

ازاحته سريعًا و هي تقول:بقا أنا بقولك حبيب عيوني عشان تقولي يا سوسو

ليصدح ضحكات الجميع حولهم على مزاحهم الدائم"

خرجت من ذكرياتها الأليمة بصعوبة كم يقتلها ذلك سنوات تحاول ترميم تلك الجراح التي حلت بها؛ لكنها تهدم دائمًا تركت المكان و ذهبت لذلك القبر الذى يبتعد بمسافة قليله نظرت له بعمق ثم خرج أخيرًا صوتها كأنه

أتى من عمق بعيد :جبتلك الورد اللي أنت بتحبه التوليب لم تصمد كثيرًا

سريعًا و خارت قواها لتجلس على الأرض و تسمح لدموعها بالهطول نظرت في اتجاه القبر بحزن لتستمر في كلماتها الغير منتظمة وحشتني مكنش عدل اللي حصل تساعدني عشان أتجاوز موتهم و تخليني أقوى و أعرف أواجه بعدها تسيبني و تمشي أنا كنت بقوى بيك أنا من غيرك ضعيفة أنا كل الوقت ده بمثل إني بخير عشان أسر محتاجني، و عشان الأيام تعدي لكن أنا مش بخير ولا الأيام بتعدي سكتت كي تاخذ أنفاسها المتقطعة لتكمل أنت علمتني أواجه، بس مكنتش أعرف إن أول حاجة هواجها موتك أنا لسه مش متقبلة موتك لسه بروح كل الأماكن اللي كنا بنروحها سوا لسه كل مرة ببص للبحر بحزن كل حاجة في وجودك كانت مختلفة كل حاجة كانت أهدى و أحسن وجودك كان بيصلح كل حاجة، لسه بحس إنك معايا و بنسى إنك مشيت كل مرة بقول إن دا أكيد كابوس و بكره يخلص بتفاجأ إن ده الواقع و إني لا أمتلك رفاهية الهرب منه،

اقتربت صوت خطوات من خلفها لوهله ظنت أنه هو وإن ذاك الكابوس انتهى؛ لكنها بمجرد أن أدارت وجهها حتى هدم هذا التخيل اللطيف و احتل السواد عالمها من جديد

خرج صوتها ضعيف واهن: أسر؟!

جلس بجانبها في حزن و ضمها قائلًا= من أول ما صحيت و مش لقيتك و لقيت البيت مضلم و مش فاتحة الأنوار عرفت إنك هتكونِ هنا ٤سنين كل مرة بتروحِ عشان تقابليهم بتعملِ العادة دي و مش عارفة تغيريها

أجابته في حزن و هي تشدد في احتضنها له للشعر بالأمان= بحس العالم كله ضلمه مهما كانت الأنوار في كل المكان بحس إن كل حاجة حزينة

ربت على ظهرها بهدوء= لحد امتى هتفضلِ كدا عمرك هيضيع في الزعل

:دول يستاهلوا يتزعل على موتهم العمر كله

=في فيلم كوكو كانت الأرواح الميته بتقول "الموت الأكبر ليس موت

الجسد بل عندما ينساك جميع الأحياء" و أنتِ لسه فكراهم و بتفكري الناس بيهم و هما أكيد فخورين بيكِ عشان كدا قولي "إنا لله و إنا اليه راجعون" احنا كلنا هنموت و مفيش حد هيكمل للآخر الموت مش معناه اننا نفترق الميت مش بيموت جوانا،

ظهر على شفتيها شبه ابتسامه سريعًا ما حذف مره أخرى: بتستخدم أساليبي

=لازم نستفيد منك أومال دكتورة على الفاضي وقف و اوقفها بجانبه قائلًا قومِ يلا و أقرئي ليهم سورة من القرآن و ادعيلهم أمالت له بهدوء و هي تستند عليه دائمًا ما كان سند و عون لها فى كل لحظاتها، إنه سبب إكمالها الطريق أكملت تلاوتها ليمسك بيدها و يخرجها من المقبرة و قبل أن يخرج القى نظره أخيرة ليقرأ اسم الشخص الذي كتب على القبر إنا لله و إنا اليه راجعون

قبر ❖غيث الراوي❖